ANDALUSISKA KÖKET

100 spanska recept från de tusen landskapens land

Agnes Jonsson

Copyright Material ©2024

Alla rättigheter förbehållna

Ingen del av denna bok får användas eller överföras i någon form eller på något sätt utan korrekt skriftligt medgivande från utgivaren och upphovsrättsinnehavaren, förutom korta citat som används i en recension. Den här boken bör inte betraktas som en ersättning för medicinsk, juridisk eller annan professionell rådgivning.

INNEHÅLLSFÖRTECKNING

INNEHÅLLSFÖRTECKNING **3**
INTRODUKTION **6**
FRUKOST **7**
   1. SPANSK TORTILLA (TORTILLA ESPAÑOLA) 8
   2. CHURROS MED CHOKLAD 10
   3. MAGDALENAS 12
   4. ÄGG ROTOS MED JAMÓN 14
   5. SPANSK SPENAT OCH FETA OMELETT 16
   6. SPANSKA CHICHARRÓNES MED ÄGG 18
   7. SPANSK FRUKOSTSUFFLÉ 20
   8. BAMED, RÖD PAPRIKA OCH MOZZARELLA OMELETT 22
   9. LADDAD SPANSK POLENTA 24
   10. PISTO MED ÄGG 26
   11. FRUKOSTKLIMUFFINS 28
   12. SPANSK FRUKOSTWRAP 30
   13. PAN MED TOMATE (TOMATBRÖD) 32
   14. TVÅ-POTATIS SPANSK HASH 34
   15. SPANSKA ÄGGMUFFINS 36
   16. PINJENÖTTER HAVREGRYN ÖVER NATTEN 38
   17. SPENAT OCH ÄGGRÖRA 40
   18. FETA OCH TOMATRÖRA 42
   19. OMELETT MED TOMAT OCH FETAOST 44
   20. GREKISK YOGHURT MED HONUNG OCH NÖTTER 46
   21. SPANSK FRUKOSTSKÅL 48
   22. SPANSK AVOKADO OCH TOMATSALLAD 50
APTITRETARE **52**
   23. FRASIGA RÄKOR 53
   24. FYLLDA TOMATER 55
   25. SALTA TORSKFRITTER MED AIOLI 57
   26. RÄKKROKETTER 60
   27. CRISP KRYDDAD POTATIS 62
   28. S RÄKOR GAMBAS 64
   29. MUSSLOR VINÄGRETT 66
   30. RISFYLLDA PAPRIKA 68
   31. BLÄCKFISK MED ROSMARIN & CHILIOLJA 70
   32. CAPRESE PASTASALLAD 72
   33. BALSAMISK BRUSCHETTA 74
   34. PILGRIMSMUSSLA OCH SKINKABETT 76

35. Aubergine med honung 78
36. Korv tillagad i cider 80
37. Spansk nötkebab 82
38. Manchego Med Orange Preserve 84
39. Kyckling Pintxo 86
40. Fem-kryddaChurros 88
41. Kryddig majs Churros 90

HUVUDRÄTT 93

42. Paella Valenciana 94
43. Gazpacho Andaluz (kall tomatsoppa) 96
44. Spanskt ris 98
45. Spansk potatissallad 100
46. Spanska Carbonara 102
47. Köttbullar i tomatsås 104
48. Vit bönsoppa 106
49. Fabada Asturiana (asturisk böngryta) 108
50. Kyckling Marsala 110
51. Kyckling Fettuccini Alfredo 112
52. Diavolo skaldjursmiddag 114
53. Linguine och räkor Scampi 116
54. Räkor med Pesto gräddsås 118
55. Fisk och chorizosoppa 120
56. Spansk Ratatouille 122
57. Bön- och chorizogryta 124
58. Gazpacho 126
59. Bläckfisk och ris 128
60. Kaningryta i Tomat o 130
61. Räkor med fänkål 132

EFTERRÄTT 134

62. Flan de Leche (spanska Flan) 135
63. Tarta de Santiago (mandelkaka) 137
64. Ostig Galette med Salami 139
65. Krämig ricottapaj 141
66. Anisette kakor 143
67. Karamellflan 145
68. Katalansk grädde 147
69. Apelsin-citron spansk grädde 149
70. D runken melon 151
71. En lmondsorbet 153
72. Spansk äpple torte 155
73. Karamell vaniljsås 158
74. Spansk ostkaka 160
75. Spansk stekt vaniljsås 162

76. Spansk nötgodis 164
77. Honung ed pudding 166
78. Spansk lök torte 168
79. Spansk pan sufflé 170
DRYCK 172
80. Rom & ingefära 173
81. Spanska sangria 175
82. Tinto de verano 177
83. Vitt vinSangria 179
84. Horchata 181
85. Licor 43 Cuba Libre 183
86. Frukt Färskt vatten 185
87. Caipirinha 187
88. Carajillo 189
89. Citronlikör 191
90. Sgroppino 193
91. Aperol Spritz 195
92. Gingermore 197
93. Hugo 199
94. Spansk färsk frukt frappé 201
95. Spansk-stil varm choklad 203
96. Grön chinotto 205
97. Rose Spritz 207
98. Honung bee cortado 209
99. Citrusbitter 211
100. Pisco Sour 213
SLUTSATS 215

INTRODUKTION

Välkommen till " Andalusiska Köket", där vi fördjupar oss i det rika kulinariska arvet i Spaniens södra region, känd för sina mångsidiga landskap, pulserande kultur och utsökta mat. Med sina hisnande kustlinjer, bördiga slätter och majestätiska berg är Andalusien ett land av kontraster som har fängslat både resenärer och matentusiaster i århundraden. I den här kokboken hyllar vi det andalusiska kökets smaker och traditioner med 100 autentiska recept som visar upp regionens kulinariska mångfald och kulinariska kreativitet.

I den här kokboken ger du dig ut på en kulinarisk resa genom Andalusien och upptäcker en gobeläng av smaker och ingredienser som speglar regionens unika kulturella influenser och geografiska mångfald. Från den ikoniska gazpachon och uppfriskande salmorejo till rejäla grytor som rabo de toro och traditionella tapas som gambas al ajillo, varje recept är en hyllning till andalusisk gastronomi, där färska, säsongsbetonade råvaror förvandlas till oförglömliga kulinariska upplevelser.

Det som utmärker " Andalusiska Köket " är dess betoning på autenticitet och tradition. Varje recept har noggrant undersökts och testats för att säkerställa att det fångar den sanna essensen av det andalusiska köket, och hedrar flera hundra år gamla matlagningstekniker och smakkombinationer som har gått i arv genom generationer. Oavsett om du är en erfaren kock eller en kulinarisk novis, erbjuder dessa recept en smak av den rika gobelängen av smaker som definierar andalusisk gastronomi.

Genom hela den här kokboken hittar du praktiska tips om hur du skaffar autentiska ingredienser , behärskar grundläggande matlagningstekniker och skapar minnesvärda matupplevelser inspirerade av Andalusiens landskap och traditioner. Oavsett om du är värd för en festlig sammankomst med vänner eller bara vill ingjuta dina måltider med Spaniens smaker, inbjuder " Andalusiska Köket " dig att njuta av rikedomen och mångfalden av det andalusiska köket i ditt eget hem.

FRUKOST

1.Spansk tortilla (Tortilla Española)

INGREDIENSER:
- 6 stora ägg
- 1 pund (cirka 3 medelstora) potatisar, skalade och tunt skivade
- 1 stor lök, tunt skivad
- Salt att smaka
- Olivolja till stekning

INSTRUKTIONER:
a) Värm en rejäl mängd olivolja på medelvärme i en stor stekpanna. Tillsätt potatisen och löken, smaka av med salt och koka försiktigt, rör om då och då, tills potatisen är mjuk men inte brynt, cirka 20 minuter.
b) Vispa äggen med en nypa salt i en stor skål. Häll av potatisen och löken från oljan och tillsätt dem till de vispade äggen, blanda dem försiktigt.
c) Ta bort det mesta av oljan från pannan, lämna precis tillräckligt för att täcka botten. Återställ pannan till medelvärme och tillsätt ägg-potatis-lökblandningen, fördela den jämnt.
d) Koka tortillan tills botten är gyllenbrun och toppen är stel men något rinnig, ca 5 minuter. Lägg en stor tallrik över stekpannan och vänd försiktigt upp tortillan på plattan, skjut sedan tillbaka den i pannan för att tillaga den andra sidan. Koka i ytterligare 3-5 minuter tills de är gyllenbruna.
e) Låt tortillan svalna några minuter innan servering. Den kan avnjutas varm, i rumstemperatur eller kall.

2. Churros med Choklad

INGREDIENSER:
FÖR CHURROS:
- 1 kopp vatten
- 1/2 kopp smör
- 1/4 tsk salt
- 1 kopp universalmjöl
- 3 ägg
- Vegetabilisk olja för stekning
- Socker för beläggning

CHOKLADSÅS:
- 1/2 kopp mörk choklad, hackad
- 1 dl mjölk
- 1 msk majsstärkelse
- 2 matskedar socker

INSTRUKTIONER:
a) Koka upp vatten, smör och salt i en kastrull. Tillsätt mjöl på en gång, rör kraftigt tills blandningen bildar en boll. Ta bort från värmen och låt svalna något.
b) Vispa ner äggen i degen ett i taget, se till att vart och ett är helt införlivat innan du tillsätter nästa.
c) Värm olja i en fritös eller stor panna till 375°F (190°C). Sprid ner degremsor i oljan med en konditoripåse med en stor stjärnspets. Stek tills de är gyllenbruna, ta sedan bort och låt rinna av på hushållspapper. Häll i socker medan det fortfarande är varmt.
d) Till chokladsåsen, blanda majsstärkelsen med lite mjölk för att göra en pasta. Värm resterande mjölk i en kastrull med sockret. Tillsätt chokladen och majsstärkelsepastan, vispa tills chokladen smält och såsen tjocknar.
e) Servera de varma churrosna med chokladsåsen till doppning.

3.Magdalenas

INGREDIENSER:
- 2/3 kopp olivolja eller vegetabilisk olja
- 3/4 kopp socker
- Skal av 1 citron
- 3 stora ägg
- 1 1/2 koppar universalmjöl
- 1 1/2 tsk bakpulver
- 1/4 kopp mjölk
- En nypa salt

INSTRUKTIONER:
a) Värm ugnen till 375°F (190°C) och klä en muffinsform med pappersfoder.
b) I en skål, vispa ihop olja, socker och citronskal. Tillsätt äggen ett i taget, vispa ordentligt efter varje tillsats.
c) Sikta ner mjöl, bakpulver och salt i äggblandningen, omväxlande med mjölk, och vänd ihop tills det precis blandas.
d) Fyll muffinsformarna till 3/4 med smeten. Grädda i 18-20 minuter eller tills de är gyllene och en tandpetare som sticks in i mitten kommer ut ren.
e) Servera magdalenas med café med leche för en traditionell spansk frukost.

4.Ägg Rotos med Jamón

INGREDIENSER:
- 2 stora potatisar, skalade och skurna i tunna skivor eller tärningar
- Olivolja till stekning
- Salt att smaka
- 4 ägg
- 4 skivor Jamón Serrano eller Iberico (spansk skinka)
- Valfritt: skivad grön paprika eller lök för extra smak

INSTRUKTIONER:
a) Hetta upp en rejäl mängd olivolja i en stor stekpanna på medelvärme. Tillsätt potatisen (och grön paprika eller lök om du använder den), smaka av med salt och stek tills de är gyllene och krispiga. Ta bort och låt rinna av på hushållspapper.
b) I samma panna, reducera oljan till precis tillräckligt för att steka äggen. Knäck äggen i pannan och stek efter eget tycke, smaka av med lite salt.
c) Lägg upp den stekta potatisen på en tallrik, toppa med de stekta äggen och riv sedan skivorna av Jamón Serrano eller Iberico över toppen. Värmen från ägg och potatis kommer att värma skinkan något.
d) Servera omedelbart, bryt äggulorna så att de rinner över potatisen och skinkan, blanda allt medan du äter.

5. Spansk spenat och feta omelett

INGREDIENSER:
- 2 stora ägg
- 1 msk olivolja
- ¼ kopp fetaost, smulad
- Handfull spenatblad
- Salta och peppra efter smak

INSTRUKTIONER:
a) Vispa äggen i en skål och smaka av med salt och peppar.
b) Värm olivolja i en non-stick stekpanna på medelvärme.
c) Tillsätt spenat och koka tills det vissnat.
d) Häll de vispade äggen över grönsakerna och låt stelna en stund.
e) Strö fetaost på ena halvan av omeletten och vik den andra halvan över den.
f) Koka tills äggen stelnat helt.

6.Spanska Chicharrónes Med Ägg

INGREDIENSER:
- 1 kopp fläsk chicharrónes (stekt fläskskinn), krossad
- 4 stora ägg
- ½ kopp tärnade tomater
- ¼ kopp tärnad rödlök
- 2 matskedar olivolja

INSTRUKTIONER:
a) Vispa äggen i en skål och smaka av med salt och peppar.
b) Hetta upp olivolja i en stekpanna på medelvärme.
c) Tillsätt tärnade tomater, tärnad rödlök och tärnad jalapeño i stekpannan. Fräs tills grönsakerna mjuknat.
d) Häll de vispade äggen i stekpannan, rör försiktigt för att kombinera med grönsakerna.
e) När äggen börjar stelna, tillsätt de krossade chicharrónesna i stekpannan och fortsätt att röra tills äggen är genomstekta.
f) Servera varm, strö över hackad färsk koriander och med limeklyftor vid sidan av.

7.Spansk frukostsufflé

INGREDIENSER:
- 6 stora ägg, separerade
- ½ kopp fetaost, smulad
- ¼ kopp svarta oliver, skivade
- ¼ kopp soltorkade tomater, hackade
- ¼ kopp färsk basilika, hackad

INSTRUKTIONER:
a) Värm ugnen till 375°F (190°C).
b) Vispa äggulor tills de är väl blandade i en stor skål.
c) Vispa äggvitan i en separat skål tills det bildas styva toppar.
d) Vänd försiktigt ner fetaost, skivade svarta oliver, hackade soltorkade tomater och färsk basilika i de vispade äggulorna.
e) Vänd försiktigt ner den vispade äggvitan tills den precis blandas.
f) Krydda med salt och peppar efter smak.
g) Smörj en ugnsform och häll blandningen i den.
h) Grädda i 25-30 minuter eller tills suffléen är puffad och gyllenbrun.
i) Ta ut ur ugnen och låt den svalna innan servering.

8.Bamed, röd paprika och Mozzarella Omelett

INGREDIENSER:
- 7 skivor bamed
- 1 msk olivolja
- 4 stora ägg
- 4 uns färsk mozzarellaost, i tärningar
- 1 medelstor röd paprika

INSTRUKTIONER:
a) Värm ugnen till 350°F.
b) I en het panna, tillsätt 1 msk olivolja och koka 7 skivor bamed tills de är bruna.
c) Tillsätt hackad röd paprika i pannan och rör om väl.
d) Vispa 4 stora ägg i en skål, tillsätt 4 uns färsk mozzarella i tärningar och blanda väl.
e) Tillsätt ägg- och ostblandningen i pannan, se till att den fördelas jämnt.
f) Koka tills äggen börjar stelna runt kanterna.
g) Riv 2 uns getost över toppen av Omelettn.
h) För över pannan till ugnen och grädda i 6-8 minuter vid 350°F, stek sedan i ytterligare 4-6 minuter tills toppen är gyllenbrun.
i) Ta ut ur ugnen och låt vila en kort stund.
j) Ta försiktigt ut Omelettn från pannan, garnera med färsk hackad persilja och skiva innan servering.

9.Laddad spansk Polenta

INGREDIENSER:
- 1 kopp polenta
- 4 dl grönsaksbuljong
- 2 matskedar olivolja
- 1 burk (400g) tärnade tomater, avrunna
- 1 dl kronärtskockshjärtan, hackad

INSTRUKTIONER:
a) Koka upp grönsaksbuljongen i en medelstor kastrull. Vispa i polentan, rör hela tiden tills den är tjock och krämig.
b) Värm olivolja på medelvärme i en separat stekpanna. Fräs finhackad lök tills den är genomskinlig.
c) Tillsätt hackad vitlök i stekpannan och fräs i ytterligare 1-2 minuter.
d) Rör ner avrunna tärnade tomater, hackade kronärtskockshjärtan och smaka av med salt och peppar. Koka i 5-7 minuter tills den är genomvärmd.
e) Häll den spanska grönsaksblandningen över polentan, rör försiktigt för att kombinera.

10.Pisto med Ägg

INGREDIENSER:
- 2 matskedar olivolja
- 1 lök, tärnad
- 1 grön paprika, tärnad
- 1 röd paprika, tärnad
- 2 zucchinis, tärnade
- 2 tomater, skalade och hackade
- Salta och peppra efter smak
- 4 ägg
- Hackad persilja till garnering

INSTRUKTIONER:
a) Hetta upp olivoljan i en stor stekpanna på medelvärme. Tillsätt löken och paprikan, koka tills de börjar mjukna.
b) Tillsätt zucchinin och låt koka ytterligare några minuter tills den börjar mjukna.
c) Rör ner tomaterna, smaka av med salt och peppar och låt sjuda blandningen tills den tjocknar, cirka 15-20 minuter, rör om då och då.
d) När grönsakerna är mjuka och blandningen har en såsliknande konsistens gör du fyra brunnar i piston och knäcker ett ägg i varje brunn. Täck kastrullen och koka tills äggen stelnat som du vill.
e) Strö över hackad persilja före servering.

11. Frukostklimuffins

INGREDIENSER:
- 2 koppar flingor flingor
- 1 1/2 koppar universalmjöl
- 1/2 kopp russin
- 1/3 kopp socker
- 3/4 kopp färsk apelsinjuice

INSTRUKTIONER:
a) Värm ugnen till 400°F.
b) Olja lätt en 12-kopps muffinsform eller klä den med pappersfoder.
c) I en stor skål, kombinera kli flingor, mjöl, russin, socker och salt.
d) Blanda färsk apelsinjuice och olja i en medelstor skål.
e) Häll de blöta ingredienserna i de torra ingredienserna och blanda tills det precis blivit fuktigt.
f) Häll smeten i den förberedda muffinsformen, fyll kopparna ungefär två tredjedelar fulla.
g) Grädda tills den är gyllenbrun och en tandpetare i en muffins kommer ut ren, cirka 20 minuter.
h) Servera muffinsen varma.

12.Spansk frukostwrap

INGREDIENSER:
- Fullkornswrap eller tunnbröd
- Hummus
- Rökt lax
- Gurka, tunt skivad
- Färsk dill, hackad

INSTRUKTIONER:
a) Fördela hummus jämnt över hela kornfolien.
b) Varva rökt lax och tunt skivad gurka.
c) Strö över hackad färsk dill.
d) Rulla ihop wrapen hårt och skär den på mitten.

13.Pan med Tomate (Tomatbröd)

INGREDIENSER:
- 4 skivor knaprigt bröd
- 2 mogna tomater, halverade
- 1 vitlöksklyfta, skalad
- Extra virgin olivolja
- Salt att smaka
- Valfritt: Skivad skinka eller ost till topping

INSTRUKTIONER:
a) Rosta brödskivorna tills de är gyllene och knapriga.
b) Gnid in det rostade brödet lätt med vitlöksklyftan.
c) Skär tomaterna på mitten och gnid den öppna sidan av tomaterna över brödet, tryck lätt för att släppa saften och fruktköttet på brödet. Brödet ska vara fuktigt med tomat.
d) Ringla över varje skiva med olivolja och strö över salt efter smak.
e) Om så önskas, toppa med skivor skinka eller ost. Servera omedelbart.

14.Två-potatis spansk hash

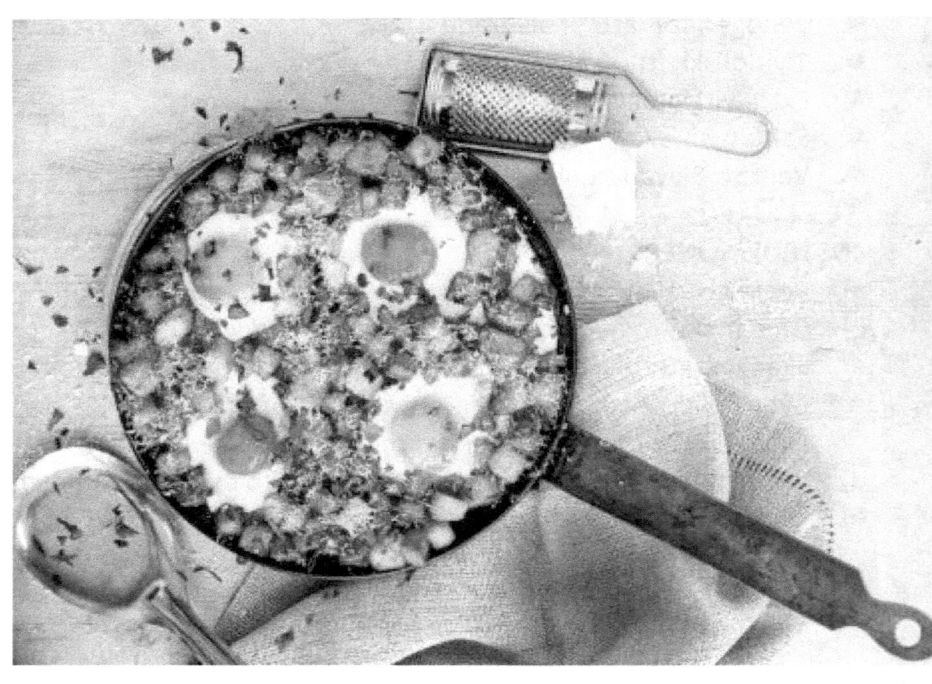

INGREDIENSER:
- Olivolja till stekning
- ½ lök, grovt hackad
- 80 g rökta pancettatärningar
- 1 stor sötpotatis, skuren i 2 cm tärningar
- 2-3 medelstora Désirée potatisar, skurna i 2 cm tärningar

INSTRUKTIONER:
a) Hetta upp olivolja i en stor stekpanna på medelvärme.
b) Tillsätt grovhackad lök och fräs tills den är genomskinlig.
c) Tillsätt rökta pancettatärningar i stekpannan och koka tills de börjar få färg.
d) Tillsätt sötpotatis och Désirée-potatis i stekpannan. Koka tills potatisen är mjuk och fått en gyllenbrun skorpa (ca 15 minuter).
e) Gör fyra brunnar i hashen och knäck ett ägg i varje brunn. Täck kastrullen och koka tills äggen är färdiga som du vill.
f) Garnera med finriven parmesan och hackad färsk bladpersilja.

15. Spanska äggmuffins

INGREDIENSER:
- 6 stora ägg
- ½ kopp körsbärstomater, tärnade
- ½ dl spenat, hackad
- ¼ kopp fetaost, smulad
- 1 msk svarta oliver, skivade

INSTRUKTIONER:
a) Värm ugnen till 375°F (190°C). Smörj en muffinsform med olivolja eller använd pappersfoder.
b) Vispa ihop äggen i en skål. Krydda med salt och peppar.
c) Fräs körsbärstomater, spenat och röd paprika i en stekpanna i olivolja tills de är mjuka.
d) Fördela de sauterade grönsakerna jämnt i den förberedda muffinsformen.
e) Häll de vispade äggen över grönsakerna i varje muffinskopp.
f) Strö smulad fetaost, skivade svarta oliver och hackad färsk persilja ovanpå varje äggmuffins.
g) Grädda i den förvärmda ugnen i 15-20 minuter eller tills äggen stelnat och topparna är gyllenbruna.
h) Låt äggmuffinsen svalna några minuter innan du tar ut dem ur muffinsformen.

16.Pinjenötter Havregryn över natten

INGREDIENSER:
- 1 dl gammaldags havregryn
- 1 dl grekisk yoghurt
- 1 kopp mjölk (mejeri eller växtbaserad)
- 2 matskedar honung
- 2 msk pinjenötter, rostade

INSTRUKTIONER:
a) Kombinera havregryn, grekisk yoghurt, mjölk, honung och vaniljextrakt i en skål. Rör om tills det är väl blandat.
b) Vänd ner rostade pinjenötter.
c) Dela blandningen i två burkar eller lufttäta behållare.
d) Förslut burkarna eller behållarna och ställ i kylen över natten eller i minst 4 timmar så att havren mjuknar och smakerna smälter samman.
e) Innan servering, rör över natten havregrynen ordentligt. Om den är för tjock kan du lägga till en skvätt mjölk för att nå önskad konsistens.

17.Spenat och äggröra

INGREDIENSER:
- 4 stora ägg
- 2 dl färsk spenat, hackad
- 1 msk olivolja
- ½ lök, finhackad
- Salta och peppra efter smak

INSTRUKTIONER:
a) Vispa äggen i en skål och smaka av med salt och peppar.
b) Hetta upp olivolja i en stekpanna på medelvärme.
c) Tillsätt hackad lök och fräs tills den mjuknat.
d) Tillsätt hackad vitlök och hackad spenat i stekpannan. Koka tills spenaten vissnat.
e) Häll de vispade äggen i stekpannan över spenatblandningen.
f) Rör äggen försiktigt med en spatel tills de är genomstekta men fortfarande fuktiga.
g) Ta bort stekpannan från värmen.
h) Valfritt: Om så önskas, strö smulad fetaost över äggen och rör om.
i) Garnera med halverade körsbärstomater och hackad färsk persilja.
j) Servera spenat- och äggröran varm och njut!

18.Feta och tomatröra

INGREDIENSER:
- Ägg
- Fetaost, smulad
- Körsbärstomater, tärnade
- Färsk basilika, hackad
- Olivolja

INSTRUKTIONER:
a) Vispa ägg i en skål och smaka av med salt och peppar.
b) Hetta upp olivolja i en stekpanna och rör ner äggen.
c) Tillsätt smulad fetaost och tärnade körsbärstomater.
d) Koka tills äggen stelnat helt.
e) Strö över färsk hackad basilika före servering.

19.Omelett med tomat och fetaost

INGREDIENSER:
- 2 tsk olivolja
- 4 ägg, vispade
- 8 körsbärstomater, hackade
- 50 g fetaost, smulad
- blandade salladsblad, att servera (valfritt)

INSTRUKTIONER:
- Hetta upp oljan i en stekpanna, tillsätt äggen och koka, rör runt dem då och då. Strö över fetaosten och tomaterna efter några minuter. Koka ytterligare en minut innan servering.
- Hetta upp oljan i en stekpanna med lock och stek sedan lök, chili, vitlök och korianderstjälkarna i 5 minuter tills de är mjuka. Rör ner tomaterna och låt sjuda i 8-10 minuter.
- Använd baksidan av en stor sked, gör 4 dopp i såsen och knäck sedan ett ägg i varje. Lägg ett lock på pannan och koka sedan på låg värme i 6-8 minuter tills äggen är färdiga som du vill.
- Strö över korianderbladen och servera med bröd.

20.Grekisk yoghurt med honung och nötter

INGREDIENSER:
- grekisk yoghurt
- Honung
- Mandel, hackad
- Valnötter, hackade
- Färska bär (valfritt)

INSTRUKTIONER:
a) Häll grekisk yoghurt i en skål.
b) Ringla honung över yoghurten.
c) Strö hackad mandel och valnötter ovanpå.
d) Tillsätt färska bär om så önskas.

21.Spansk frukostskål

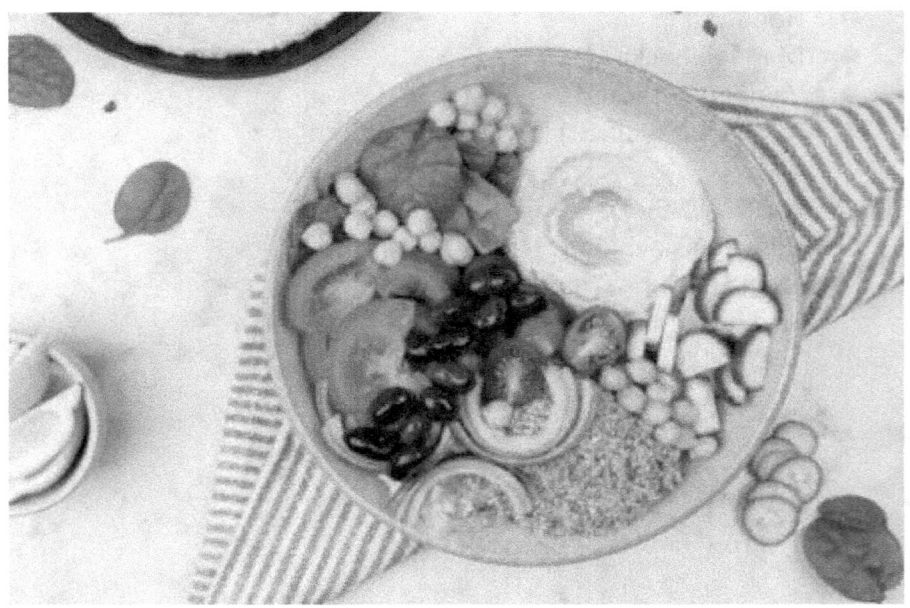

INGREDIENSER:
- Kokt quinoa
- Hummus
- Gurka, tärnad
- Körsbärstomater, halverade
- Kalamata oliver, skivade

INSTRUKTIONER:
a) Häll upp kokt quinoa i en skål.
b) Lägg till klick hummus.
c) Strö tärnad gurka, halverade körsbärstomater och skivade Kalamata-oliver.
d) Blanda ihop innan du njuter.

22.Spansk avokado och tomatsallad

INGREDIENSER:
- 2 mogna avokado, tärnade
- 2 tomater, tärnade
- 1/4 kopp rödlök, finhackad
- 2 msk färsk persilja, hackad
- 1 msk olivolja
- 1 msk citronsaft
- Salta och peppra, efter smak

INSTRUKTIONER:
a) I en skål, kombinera tärnad avokado, tomater, rödlök och färsk persilja.
b) I en liten skål, vispa ihop olivolja, citronsaft, salt och peppar.
c) Häll dressingen över salladen och blanda försiktigt.
d) Servera genast som ett uppfriskande tillbehör.

APTITRETARE

23. Frasiga räkor

INGREDIENSER:
- ½ pund små räkor, skalade
- 1½ dl kikärtor eller vanligt mjöl
- 1 msk hackad färsk bladpersilja
- 3 salladslökar, vit del och lite av de möra gröna topparna, finhackade
- ½ tsk söt paprika/pimentong
- Salt
- Olivolja för fritering

INSTRUKTIONER:
a) Koka räkorna i en kastrull med tillräckligt med vatten för att täcka dem och koka upp på hög värme.
b) I en skål eller matberedare, kombinera mjöl, persilja, salladslök och pimentón för att producera smeten. Tillsätt det avsvalnade kokvattnet och en nypa salt.
c) Mixa eller bearbeta tills du har en konsistens som är lite tjockare än pannkakssmet. Kyl i 1 timme efter täckning.
d) Ta ut räkorna ur kylen och finhacka dem. Kaffemalet ska vara i storleken på bitarna.
e) Ta ut smeten ur kylen och rör ner räkorna.
f) I en tung sautépanna, häll olivoljan till ett djup av cirka 1 tum och värm över hög värme tills det praktiskt taget ryker.
g) För varje fritter, häll 1 msk smet i oljan och platta ut smeten med baksidan av en sked till en cirkulär 3 1/2 tum i diameter.
h) Stek i cirka 1 minut på varje sida, rotera en gång, eller tills frittorna är gyllene och knapriga.
i) Ta ut frittorna med en hålslev och lägg på en ugnssäker form.
j) Servera direkt.

24. Fyllda tomater

INGREDIENSER:

- 8 små tomater, eller 3 stora
- 4 hårdkokta ägg, kylda och skalade
- 6 matskedar Aioli eller majonnäs
- Salt och peppar
- 1 msk persilja, hackad
- 1 msk vitt ströbröd, om du använder stora tomater

INSTRUKTIONER:

a) Doppa tomaterna i en skål med iskallt eller extremt kallt vatten efter att ha flå dem i en kastrull med kokande vatten i 10 sekunder.
b) Skär av tomaternas toppar. Använd en tesked eller en liten vass kniv och skrapa bort frön och insidor.
c) Mosa äggen med Aioli (eller majonnäs, om du använder), salt, peppar och persilja i en mixerskål.
d) Fyll tomaterna med fyllningen, tryck ner dem ordentligt. Sätt tillbaka locken i snäv vinkel på små tomater.
e) Fyll tomaterna till toppen, tryck tills de är jämna. Kyl i 1 timme innan du skär i ringar med en vass skärkniv.
f) Garnera med persilja.

25.Salta torskfritter med Aioli

INGREDIENSER:
- 1 lb salt torsk , blötlagd
- 3 1/2 oz torkade vita ströbröd
- 1/4 lb mjölig potatis
- Olivolja, för ytfritering
- 1/4 dl mjölk
- Citronklyftor och salladsblad, att servera
- 6 vårlökar fint hackade
- Aioli

INSTRUKTIONER:

a) Koka potatisen oskalad i en kastrull med lättsaltat kokande vatten i cirka 20 minuter, eller tills den är mjuk. Dränera.
b) Skala potatisen så fort den är kall nog att hantera, mosa sedan med en gaffel eller en potatisstöt.
c) Blanda mjölken, hälften av vårlöken i en kastrull och låt koka upp. Tillsätt blötläggningstorsken och pochera i 10-15 minuter, eller tills den lätt flagnar. Ta ut torsken från pannan och lägg den till en skål med en gaffel, ta bort ben och skinn.
d) Häll i 4 msk potatismos med torsken och kombinera med en träslev.
e) Arbeta in olivoljan och tillsätt sedan resten av potatismoset gradvis. Blanda resten av vårlöken och persiljan i en bunke.
f) Smaka av, smaka av med citronsaft och peppar.
g) Vispa ett ägg i en separat skål tills det är väl blandat, kyl sedan tills det är fast.
h) Rulla den kylda fiskblandningen till 12-18 bollar och platta sedan försiktigt till små runda kakor.
i) Var och en ska mjölas först, sedan doppas i det återstående uppvispade ägget och avsluta med torrt ströbröd.
j) Ställ i kyl tills den ska stekas.
k) Värm cirka 3/4 tums olja i en stor, tung stekpanna. Koka frittorna i cirka 4 minuter på medelhög värme.
l) Vänd dem och koka i ytterligare 4 minuter, eller tills de är knapriga och gyllene på andra sidan.
m) Låt rinna av på hushållspapper innan servering med Aioli, citronklyftor och salladsblad.

26.Räkkroketter

INGREDIENSER:
- 3 1/2 oz smör
- 4 oz vanligt mjöl
- 1 1/4 liter kall mjölk
- Salt och peppar
- 14 oz kokta skalade räkor, tärnade
- 2 tsk tomatpuré
- 5 eller 6 matskedar fina ströbröd
- 2 stora ägg, vispade
- Olivolja för fritering

INSTRUKTIONER:
a) Smält smöret i en medelstor kastrull och tillsätt mjölet under konstant omrörning.
b) Ringla långsamt i den kylda mjölken under konstant omrörning tills du har en tjock, slät sås.
c) Tillsätt räkorna, krydda rikligt med salt och peppar, vispa sedan i tomatpurén. Koka i ytterligare 7 till 8 minuter.
d) Ta en knapp matsked av ingredienserna och rulla den till en 1 1/2 - 2 tums cylinder croquets.
e) Rulla krocketterna i ströbröd, sedan i det uppvispade ägget och sist i ströbrödet.
f) I en stor, tjockbottnad panna, värm oljan för fritering tills den når 350°F eller en brödkub blir gyllenbrun på 20-30 sekunder.
g) Stek i cirka 5 minuter i omgångar på högst 3 eller 4 tills de är gyllenbruna.
h) Ta bort kycklingen med en hålslev, låt rinna av på hushållspapper och servera genast.

27.Crisp kryddad potatis

INGREDIENSER:
- 3 matskedar olivolja
- 4 rödbruna potatisar, skalade och kubbar
- 2 msk finhackad lök
- 2 vitloksklyftor, hackade
- Salt och nymalen svartpeppar
- 1 1/2 msk spansk paprika
- 1/4 tsk Tabascosås
- 1/4 tsk mald timjan
- 1/2 kopp ketchup
- 1/2 kopp majonnäs
- Hackad persilja, till garnering
- 1 dl olivolja, för stekning

INSTRUKTIONER:
a) Värm 3 msk olivolja i en kastrull på medelvärme.
b) Fräs löken och vitlöken tills löken mjuknat.
c) Ta kastrullen från värmen och vispa i paprikan, tabascosåsen och timjan.
d) Kombinera ketchup och majonnäs i en mixerskål.
e) Smaka av, smaka av med salt och peppar. Ta bort från ekvationen.
Potatisarna:
f) Krydda potatisen lätt med salt och svartpeppar.
g) Stek potatisen i 1 kopp (8 fl. oz.) olivolja i en stor stekpanna tills den är gyllenbrun och genomstekt, rör om då och då.
h) Låt potatisen rinna av på hushållspapper, smaka av och smaka av med extra salt om det behövs.
i) För att hålla potatisen knaprig, kombinera den med såsen precis innan servering.
j) Servera varm, garnerad med hackad persilja.

28.S räkor gambas

INGREDIENSER:
- 1/2 kopp olivolja
- Saften av 1 citron
- 2 tsk havssalt
- 24 medelstora räkor, i skalet med intakta huvuden

INSTRUKTIONER:

a) Kombinera olivoljan, citronsaften och saltet i en blandningsskål och vispa tills det är helt blandat. För att lätt belägga räkorna, doppa dem i blandningen i några sekunder.

b) Värm oljan på hög värme i en torr stekpanna. Arbeta i omgångar, lägg till räkorna i ett enda lager utan att tränga ihop pannan när den är väldigt varm. 1 minuts bränning

c) Sänk värmen till medel och koka ytterligare en minut. Öka värmen till hög och fräs räkorna i ytterligare 2 minuter, eller tills de är gyllene.

d) Håll räkorna varma i låg ugn på en ugnssäker plåt.

e) Koka resterande räkor på samma sätt.

29.Musslor vinägrett

INGREDIENSER:
- 2 1/2 dussin musslor, skrubbade och borttagna skägg Strimlad sallad
- 2 msk hackad salladslök
- 2 msk hackad grönpeppar
- 2 msk finhackad röd paprika
- 1 msk hackad persilja
- 4 msk olivolja
- 2 msk vinäger eller citronsaft
- En skvätt röd pepparsås
- Salt att smaka

INSTRUKTIONER:
a) Ånga upp musslorna.
b) Lägg dem i en stor kastrull med vatten. Täck över och koka på hög värme, rör om i pannan då och då, tills skalen öppnar sig. Ta bort musslorna från elden och kassera de som inte öppnar sig.
c) Musslor kan också värmas i mikron för att öppna dem. Mikrovågsugn dem i en minut med maximal effekt i en mikrovågssäker skål, delvis täckt.
d) Mikrovågsugn ytterligare en minut efter omrörning. Ta bort eventuella musslor som har öppnat sig och koka ytterligare en minut i mikron. Ta bort de som är öppna igen.
e) Ta bort och kassera de tomma skalen när de är tillräckligt kalla för att hantera.
f) På en serveringsbricka, lägg musslor på en bädd av strimlad sallad precis innan servering.
g) Kombinera lök, grön och röd paprika, persilja, olja och vinäger i en blandningsform.
h) Salt och röd pepparsås efter smak. Fyll musslornas skal till hälften med blandningen.

30.Risfyllda paprika

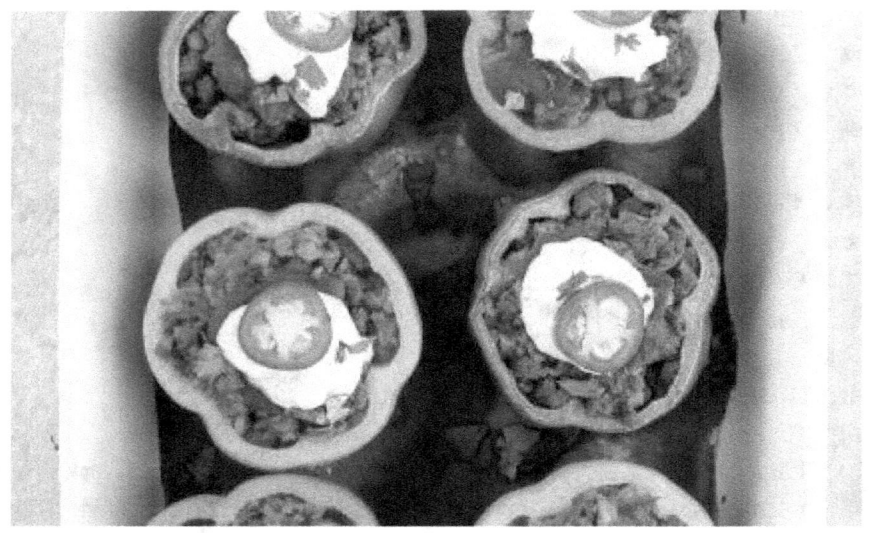

INGREDIENSER:
- 1 lb 2 oz kortkornigt spanskt ris, som Bomba eller Calasparra
- 2-3 matskedar olivolja
- 4 stora röda paprikor
- 1 liten röd paprika, hackad
- 1/2 lök, hackad
- 1/2 tomat, skalad och hackad
- 5 oz malet / hackat fläsk eller 3 oz salt torsk
- Saffran
- Hackad färsk persilja
- Salt

INSTRUKTIONER:
a) Skrapa ur de inre hinnorna med en tesked efter att ha klippt bort stjälkändarna på paprikorna och sparat dem som lock för att sätta tillbaka dem senare.
b) Hetta upp oljan och fräs den röda paprikan försiktigt tills den är mjuk.
c) Stek löken tills den är mjuk, tillsätt sedan köttet och bryn det lätt, tillsätt tomaten efter några minuter, tillsätt sedan den kokta paprikan, råriset, saffran och persiljan. Smaka av med salt efter smak.
d) Fyll försiktigt paprikorna och lägg dem på sidorna på en ugnssäker form, var noga med att inte spilla fyllningen.
e) Tillaga rätten i varm ugn i ca 1 1/2 timme, täckt.
f) Riset kokas i tomat- och pepparvätskan.

31.Bläckfisk med rosmarin & chiliolja

INGREDIENSER:
- Extra virgin olivolja
- 1 knippe färsk rosmarin
- 2 hela röda chili, urkärnade och finhackad 150 ml singelkräm
- 3 äggulor
- 2 msk riven parmesanost
- 2 msk vanligt mjöl
- Salt och nymalen svartpeppar
- 1 vitlöksklyfta, skalad och krossad
- 1 tsk torkad oregano
- Vegetabilisk olja för fritering
- 6 Bläckfisk, rensade och skär i ringar
- Salt

INSTRUKTIONER:

a) För att göra dressingen, värm olivoljan i en liten kastrull och rör ner rosmarin och chili. Ta bort från ekvationen.

b) Vispa ihop grädde, äggulor, parmesanost, mjöl, vitlök och oregano i en stor bunke. Mixa tills smeten är slät. Krydda med svartpeppar, nymalen.

c) Värm oljan till 200°C för fritering, eller tills en brödkub får färg på 30 sekunder.

d) Doppa bläckfiskringarna, en i taget, i smeten och lägg dem försiktigt i oljan. Koka tills de är gyllenbruna, ca 2-3 minuter.

e) Låt rinna av på hushållspapper och servera genast med dressingen hälld ovanpå. Smaksätt eventuellt med salt.

32. Caprese pastasallad

INGREDIENSER:
- 2 dl kokt pennepasta
- 1 kopp pesto
- 2 hackade tomater
- 1 kopp tärnad mozzarellaost
- Salta och peppra efter smak
- 1/8 tsk. oregano
- 2 tsk. rödvinsvinäger

INSTRUKTIONER:
a) Koka pastan enligt förpackningens **INSTRUKTIONER:** , vilket bör ta cirka 12 minuter. Dränera.
b) I en stor blandningsskål, kombinera pasta, pesto, tomater och ost; krydda med salt, peppar och oregano.
c) Ringla rödvinsvinäger ovanpå.
d) Ställ åt sidan i 1 timme i kylen.

33.Balsamisk bruschetta

INGREDIENSER:
- 1 kopp urkärnade och tärnade romska tomater
- ¼ kopp hackad basilika
- ½ kopp strimlad pecorinoost
- 1 finhackad vitlöksklyfta
- 1 msk balsamvinäger
- 1 tsk. olivolja
- Salta och peppra efter smak – försiktigt eftersom osten är något salt på egen hand.
- 1 skivat franskbröd
- 3 msk. olivolja
- ¼ tsk. vitlökspulver
- ¼ tsk. basilika

INSTRUKTIONER:
a) I en blandningsform, kombinera tomater, basilika, pecorinoost och vitlök.
b) Vispa ihop vinäger och 1 msk olivolja i en liten blandningsskål; Lägg åtsidan. c) Ringla över brödskivorna med olivolja, vitlökspulver och basilika.
c) Lägg på en bakpanna och rosta i 5 minuter i 350 grader.
d) Ta ut ur ugnen. Tillsätt sedan tomat- och ostblandningen ovanpå.
e) Smaksätt eventuellt med salt och peppar.
f) Servera direkt.

34.Pilgrimsmussla och Skinkabett

INGREDIENSER:
- ½ kopp tunt skivad prosciutto
- 3 msk. färskost
- 1 lb. pilgrimsmusslor
- 3 msk. olivolja
- 3 hackade vitlöksklyftor
- 3 msk. parmesanost
- Salta och peppra efter smak – försiktigt, eftersom prosciutton blir salt

INSTRUKTIONER:
a) Applicera ett litet lager med färskost på varje prosciuttoskiva.
b) Linda sedan en skiva prosciutto runt varje pilgrimsmussla och fäst med en tandpetare.
c) Värm olivoljan i en stekpanna.
d) Koka vitlöken i 2 minuter i en stekpanna.
e) Lägg i pilgrimsmusslorna inlindade i folie och låt koka i 2 minuter på varje sida.
f) Fördela parmesanost på toppen.
g) Tillsätt salt och peppar efter smak om så önskas.
h) Vrid ur överflödig vätska med en pappershandduk.

35.Aubergine med honung

INGREDIENSER:
- 3 msk. Honung
- 3 auberginer
- 2 koppar mjölk
- 1 msk. salt
- 1 msk. peppar
- 100 g mjöl
- 4 msk. Olivolja

INSTRUKTIONER:
a) Skiva auberginen tunt.
b) Kombinera auberginema i en blandningsform. Häll tillräckligt med mjölk i bassängen för att helt täcka auberginema. Krydda med en nypa salt.
c) Låt dra i minst en timme.
d) Ta upp auberginema ur mjölken och ställ dem åt sidan. Använd mjöl och täck varje skiva. Täck i en salt- och pepparblandning.
e) Värm olivoljan i en panna. Friterade aubergineskivorna i 180 grader C.
f) Lägg de stekta auberginema på hushållspapper för att absorbera överflödig olja.
g) Ringla auberginerna med honung.
h) Tjäna.

36.Korv tillagad i cider

INGREDIENSER:
- 2 dl äppelcider
- 8 chorizokorvar
- 1 msk. olivolja

INSTRUKTIONER:
a) Skär chorizon i tunna skivor.
b) Värm oljan i en panna. Värm ugnen till medium.
c) Häll i chorizo. Stek tills färgen på maten ändras.
d) Häll i cidern. Koka i 10 minuter, eller tills såsen har tjocknat något.
e) Bröd ska serveras till denna rätt.
f) Njut av!!!

37.Spansk nötkebab

INGREDIENSER:
- ½ kopp apelsinjuice
- ¼ kopp Tomat juice
- 2 teskedar Olivolja
- 1½ tesked Citron juice
- 1 tesked Eller e gano, torkad
- ½ tesked Paprika
- ½ tesked Kummin, mald
- ¼ tesked Salt
- ¼ tesked Peppar, svart
- 10 uns Benfritt magert nötkött; skär i 2" kuber
- 1 medium Rödlök; skär i 8 klyftor
- 8 st körsbärstomater

INSTRUKTIONER:
a) För att göra marinaden, kombinera apelsin- och tomatjuice, olja, citronsaft, oregano, paprika, spiskummin, salt och peppar i en förseglingsbar plastpåse i gallonstorlek.
b) Lägg i kötttärningarna; försegla påsen, tryck ut luften; snurra för att täcka nötköttet.
c) Kyl i minst 2 timmar eller över natten, släng runt påsen då och då. Använd nonstick-spray för att täcka grillgallret.
d) Placera grillgallret 5 tum bort från kolen. Följ tillverkarens instruktioner för grillning.
e) Låt steken rinna av och ställ åt sidan marinaden.
f) Använd fyra metallspett eller blötlagda bambuspett, trä lika stora mängder nötkött, lök och tomater.
g) Grilla kebaben i 15-20 minuter, eller tills den är färdig enligt din smak, rotera och pensla med reserverad marinad ofta.

38. Manchego Med Orange Preserve

INGREDIENSER:
- 1 huvud vitlök
- 1 1/2 koppar olivolja, plus mer för duggregn
- Kosher salt
- 1 Sevilla eller navel orange
- 1/4 kopp socker
- 1 pund ung Manchego-ost, skuren i 3/4-tums bitar
- 1 msk finhackad rosmarin
- 1 msk finhackad timjan
- Rostad baguette

INSTRUKTIONER:
a) Värm ugnen till 350 grader Fahrenheit. en kvarts tum "Ta bort toppen av vitlökslöken och lägg den på en bit folie. Krydda med salt och ringla över olja.
b) Slå in ordentligt i folie och grädda i 35–40 minuter, eller tills skinnet är gyllenbrunt och kryddnejlikan är mjuk. Låt svalna. Pressa kryddnejlikan i en stor blandningsfat.
c) Skär samtidigt 1/4 "Ta bort toppen och botten av apelsinen och kvarta den på längden. Ta bort fruktköttet från varje fjärdedel av skalet i ett stycke, exklusive den vita märgen (spara skal).
d) Lägg åt sidan saften som pressats från köttet i en liten bassäng.
e) Skär skalet i kvarts-tums bitar och lägg i en liten kastrull med tillräckligt med kallt vatten för att täcka med en tum. Koka upp och låt rinna av; gör detta två gånger till för att bli av med bitterheten.
f) I en kastrull, kombinera apelsinskal, socker, reserverad apelsinjuice och 1/2 kopp vatten.
g) Koka upp; sänk värmen till låg och låt sjuda, rör om regelbundet, i 20–30 minuter, eller tills skalen är mjuka och vätskan är sirapslik. Låt apelsinen svalna.
h) Blanda samman apelsinkonserver, manchego, rosmarin, timjan och de återstående 1 1/2 dl olja i skålen med vitlöken. Ställ i kylen i minst 12 timmar efter täckning.
i) Innan servering med rostat bröd, låt den marinerade manchegon få rumstemperatur.

39. Kyckling Pintxo

INGREDIENSER:
- 1,8 pund skinnfria, benfria kycklinglår skurna i 1" bitar
- 1 msk spansk rökt paprika
- 1 tsk torkad oregano
- 2 tsk malen spiskummin
- 3/4 tsk havssalt
- 3 hackade vitlöksklyftor
- 3 msk hackad persilja
- 1/4 kopp extra virgin olivolja
- Röd Chimichurri sås

INSTRUKTIONER:
a) I en stor blandningsfat, kombinera alla ingredienser och rör om ordentligt för att täcka kycklingbitarna. Låt marinera över natten i kylen.
b) Blötlägg bambuspett i 30 minuter i vatten. Använd spett, spett kycklingbitar.
c) Grilla i 8-10 minuter, eller tills den är genomstekt.

40. Fem-krydda Churros

INGREDIENSER:
- Vegetabilisk olja (för fritering)
- ½ kopp + 2 msk socker
- ¾ tesked mald kanel
- ¾ tesked femkryddspulver
- 1 pinne (8 matskedar) osaltat smör (skuren i bitar)
- ¼ tesked salt
- 1 kopp universalmjöl
- 3 stora ägg

INSTRUKTIONER:
a) Fyll en stor, tung gryta med 2 tum vegetabilisk olja och värm den till 350 grader F med hjälp av en frityrtermometer. Förbered en konditoripåse med en stor stjärnspets och lägg en tallrik klädd med hushållspapper i närheten.
b) På en stor tallrik, kombinera ½ kopp socker, mald kanel och pulver med fem kryddor.
c) I en medelstor kastrull, kombinera smör, salt, de återstående 2 matskedar socker och 1 kopp vatten. Koka upp denna blandning på medelvärme. När det kokar, tillsätt mjölet och rör kraftigt med en träslev tills blandningen bildar en boll. Ta av den från värmen och tillsätt äggen ett i taget, rör kraftigt efter varje tillsats. Häll den resulterande smeten i den förberedda konditorpåsen.
d) Arbeta i omgångar, rör cirka 5-tums längder av smeten i den heta oljan, skär ändarna fria från spritspåsen med hjälp av en skalkniv. Se till att inte överfulla grytan. Stek tills churros är djupt gyllenbruna överallt, vilket bör ta cirka 6 minuter.
e) Överför dem till den klädda plattan för att rinna av kort, överför dem sedan till plattan med sockerblandningen med fem kryddor och belägg dem jämnt.
f) Servera dina churros med fem kryddor direkt. Njut av!

41. Kryddig majs Churros

INGREDIENSER:
FÖR SALSA OCH QUESO:
- 6 torkade cascabel chili, stjälkade och frön borttagna
- 4 stora tomater, urkärnade
- 2 Fresno chili, stjälkade
- ¾ vit lök, skalad, skuren i klyftor
- 2 vitlöksklyftor, skalade
- 2 msk färsk limejuice
- Kosher salt
- 3 matskedar osaltat smör
- 2 msk universalmjöl
- 1 ½ dl mjölk (eller mer)
- ½ pund Monterey jack ost, riven
- ½ pund cheddarost, riven (ung medium eller skarp)

FÖR CHURROS:
- 1 msk chilipulver
- 2/3 kopp mjölk
- 6 matskedar osaltat smör
- ½ tsk malen spiskummin
- ½ kopp universalmjöl
- ½ kopp majsmjöl
- 3 stora ägg
- Vegetabilisk olja (för stekning, ca 12 koppar)

INSTRUKTIONER:

a) Värm ugnen till 350°F. Rosta cascabel-chilin tills de doftar och får lite färg i cirka 5 minuter. Ta bort chili från bakplåten och låt dem svalna.

b) Öka ugnstemperaturen till 450°F. Rosta tomaterna, Fresno-chilin och löken på en kantad plåt tills skalet är brunt och börjar separera från fruktköttet, 30–35 minuter. Överför dem till en mixer och tillsätt vitlök, limejuice och 2 teskedar salt; blanda tills det är slätt. Tillsätt den rostade cascabel-chilin och mixa tills den är grovt hackad. Låt den stå i rumstemperatur tills den ska serveras.

c) I en medelstor kastrull, smält smör på medelvärme. Rör ner mjöl och koka tills det är blandat ca 1 minut. Vispa i mjölk och fortsätt koka tills blandningen kokar och tjocknar ca 4 minuter. Sänk värmen till låg, tillsätt gradvis båda ostarna och koka under konstant omrörning tills osten är helt smält och quesoen är slät. Om den verkar för tjock, rör i lite mer mjölk. Håll quesoen varm tills den ska serveras.

d) Passa en konditoripåse med stjärnspets. Vispa chilipulver och 1 matsked salt i en liten skål; lägg den åt sidan.

e) Koka upp mjölk, smör, spiskummin, 1¼ teskedar salt och ½ kopp vatten i en medelstor kastrull på medelhög värme.

f) Använd en träslev, tillsätt mjöl och majsmjöl på en gång och blanda kraftigt tills degen går ihop, cirka 30 sekunder.

g) Låt det sitta i pannan i 10 minuter för att återfukta majsmjölet. Överför blandningen till skålen med en stavmixer eller en stor skål.

h) Använd en ställmixer utrustad med paddelfästet på medel-låg hastighet, tillsätt ägg i degen, ett i taget, var noga med att blanda in varje ägg innan du tillsätter nästa (alternativt, rör om kraftigt med en träslev). Degen ser först trasig ut; fortsätt vispa, skrapa bunken då och då, tills degen är slät, glansig och något stretchig (dra av en liten degbit och sträck ut den – den ska inte gå sönder). Häll degen i den förberedda konditorpåsen.

i) Häll olja i en stor gryta så att den kommer halvvägs upp på sidorna. Utrusta grytan med en termometer och värm den över medelhög värme tills termometern registrerar 350°F. Håll påsen i vinkel så att spetsen är några centimeter ovanför oljans yta, krama ut degen, flytta påsen medan du klämmer så att degen förs in i en 6" längd i oljan. Använd en skalkniv, skär av degen i spetsen för att släppa den i oljan. Upprepa processen för att göra 4 deglängder till.

j) Stek churros, vänd en gång och justera värmen efter behov för att behålla oljetemperaturen, tills de är gyllenbruna på alla sidor, 2–3 minuter per sida. Lägg över dem på en bakplåtspappersklädd plåt. Upprepa med den återstående degen.

k) Strö de varma churros med den reserverade chilisaltblandningen. Lägg salsan över den varma quesoen och rör om för att kombinera; servera med varma churros. Njut av!

HUVUDRÄTT

42.Paella Valenciana

INGREDIENSER:
- 2 koppar paellaris (som Bomba eller Calasparra)
- 4 dl kyckling- eller grönsaksbuljong
- 1 lb (450 g) kycklinglår, skurna i bitar
- 1/2 lb (225 g) haricots verts, putsade
- 1 tomat, fint riven
- 1 stor lök, finhackad
- 2 vitlöksklyftor, hackade
- 1/2 kopp konserverade kronärtskockshjärtan, i fjärdedelar (valfritt)
- 1 tsk saffranstrådar
- 1 tsk rökt paprika
- Olivolja
- Salta och peppra efter smak
- Citronklyftor, till servering

INSTRUKTIONER:
a) Hetta upp en rejäl klick olivolja i en paellapanna eller stor stekpanna på medelhög värme. Krydda kycklingbitarna med salt och peppar och bryn dem på alla sidor. Ta bort och ställ åt sidan.
b) Tillsätt löken, haricots verts och vitlöken i samma kastrull. Koka tills grönsakerna är mjuka. Rör ner den rivna tomaten och koka i ytterligare 2 minuter.
c) Tillsätt riset, saffran och rökt paprika, rör om för att belägga riset i oljan och blanda med grönsakerna. Koka i 2 minuter.
d) Lägg tillbaka kycklingen i pannan och tillsätt buljongen. Krydda med salt och peppar. Koka upp, sänk sedan värmen till låg och låt sjuda i cirka 20 minuter, eller tills riset är kokt och vätskan absorberats. Tillsätt kronärtskockshjärtan under de sista 5 minuterna av tillagningen.
e) Ta bort från värmen och låt det sitta, täckt, i 10 minuter innan servering. Servera med citronklyftor vid sidan av.

43. Gazpacho Andaluz (kall tomatsoppa)

INGREDIENSER:

- 2 lbs (900 g) mogna tomater, grovt hackade
- 1 gurka, skalad och hackad
- 1 grön paprika, hackad
- 1 lök, hackad
- 2 vitlöksklyftor
- 3 msk sherryvinäger
- 1/2 kopp olivolja
- Salta och peppra efter smak
- Krutonger och hackade hårdkokta ägg till garnering

INSTRUKTIONER:

a) Kombinera tomater, gurka, paprika, lök och vitlök i en mixer eller matberedare. Mixa tills det är slätt.
b) Genom en sil, häll grönsaksblandningen för att ta bort skal och frön, om så önskas för en jämnare konsistens.
c) Rör ner sherryvinägern och tillsätt långsamt olivoljan under konstant omrörning. Krydda med salt och peppar.
d) Ställ i kylen i minst 2 timmar, gärna över natten.
e) Servera kall, garnerad med krutonger och hackade hårdkokta ägg.

44.Spanskt ris

INGREDIENSER:
- 1-28 uns burk tärnade eller krossade tomater
- 3 koppar av alla typer av ångat långkornigt vitt ris tillagat för att paketera
- 3 matskedar raps eller vegetabilisk olja
- 1 skivad och rensad paprika
- 2 hackad färsk vitlöksklyfta
- 1/2 kopp rött vin eller grönsak eller buljong
- 2 msk hackad färsk persilja
- 1/2 tsk torkad oregano och torkad basilika
- salt, peppar, cayennepeppar efter smak
- Garnering: Riven parmesan och Romano blandad ost
- Du kan också lägga till eventuella rester: biff i tärningar, fläskkotletter i tärningar, kyckling i tärningar eller prova att använda krossade köttbullar
- Valfria grönsaker: tärnad zucchini, skivad svamp, rakade morötter, ärtor eller andra sorters grönsaker du föredrar.

INSTRUKTIONER:
a) Tillsätt olivolja, paprika och vitlök i en stor stekpanna och koka i 1 minut.
b) Tillsätt de tärnade eller krossade tomaterna, vinet och de återstående ingredienserna i pannan.
c) Sjud i 35 minuter, eller längre om du lägger till fler grönsaker.
d) Om du använder, tillsätt eventuellt förberett kött och värm det i såsen i cirka 5 minuter innan du viker i det kokta vita riset.
e) Dessutom, om du använder, är köttet redan tillagat och behöver bara värmas upp i såsen.
f) För att servera, ös upp såsen på ett fat med det blandade riset och toppa med riven ost och färsk persilja.

45.Spansk potatissallad

INGREDIENSER:

- 3 medelstora (16 oz) potatisar
- 1 stor (3 oz) morot, tärnad
- 5 matskedar skalade gröna ärtor
- 2/3 kopp (4 oz) gröna bönor
- 1/2 medelstor lök, hackad
- 1 liten röd paprika, hackad
- 4 cocktailgurkor, skivade
- 2 msk babykapris
- 12 ansjovisfyllda oliver
- 1 hårdkokt ägg, tunna skivor 2/3 kopp (5 fl. oz) majonnäs
- 1 matsked citronsaft
- 1 tsk dijonsenap
- Nymalen svartpeppar, efter smak Hackad färsk persilja, till garnering

INSTRUKTIONER:

a) Koka potatisen och morötterna i lättsaltat vatten i en kastrull. Koka upp, sänk sedan till låg värme och koka tills det nästan är mjukt.

b) Tillsätt ärtorna och bönorna och låt sjuda, rör om då och då, tills alla grönsaker är mjuka. Låt grönsakerna rinna av och lägg dem på ett fat för servering.

c) I en stor blandningsskål, kombinera lök, paprika, gurkor, babykapris, ansjovisfyllda oliver och äggbitar.

d) Kombinera majonnäs, citronsaft och senap i en separat skål helt. Häll den här blandningen på serveringsfatet och rör om väl för att täcka alla ingredienser. Rör om med en nypa salt och peppar.

e) Kyl efter garnering med hackad persilja.

f) För att förstärka salladens smak, låt den stå i rumstemperatur i cirka 1 timme innan servering.

46.Spanska Carbonara

INGREDIENSER:
- 1 liten chorizo i tärningar
- 1 vitlöksklyfta fint hackad
- 1 liten tomat tärnad
- 1 burk garbanzos
- torra kryddor: salt, chiliflakes, oregano, fänkålsfrö, stjärnanis
- pimenton (paprika) till äggen
- extra virgin olivolja
- 2 ägg
- 4-6 oz. pasta
- ost av god kvalitet

INSTRUKTIONER:

a) I en liten mängd olivolja, fräs vitlök, tomat och chorizo i några minuter, tillsätt sedan bönor och flytande och torra kryddor. Koka upp och sänk sedan värmen till låg tills vätskan har reducerats till hälften.

b) Under tiden, koka upp pastavattnet och förbered äggen så att de går ner i pannan med garbanzos och in i den förvärmda ugnen. För att lägga till den spanska smaken, strö dem med den förberedda kryddblandningen och pimenton.

c) Nu är det perfekta tillfället att lägga till pastan i grytan medan pannan är i ugnen och vattnet kokar. Båda ska vara klara samtidigt.

47.Köttbullar i tomatsås

INGREDIENSER:

- 2 matskedar olivolja
- 8 oz köttfärs
- 1 kopp (2 oz) färskt vitt ströbröd
- 2 msk riven manchego eller parmesanost
- 1 msk tomatpuré
- 3 vitlöksklyftor, fint hackade
- 2 salladslökar, fint hackade
- 2 tsk hackad färsk timjan
- 1/2 tsk gurkmeja
- Salta och peppra, efter smak
- 2 koppar (16 oz) konserverade plommontomater, hackade
- 2 msk rött vin
- 2 tsk hackade färska basilikablad
- 2 tsk hackad färsk rosmarin

INSTRUKTIONER:

a) Kombinera nötkött, ströbröd, ost, tomatpuré, vitlök, salladslök, ägg, timjan, gurkmeja, salt och peppar i en mixerskål.
b) Forma blandningen till 12 till 15 fasta bollar med händerna.
c) Värm olivoljan på medelhög värme i en stekpanna. Koka i flera minuter, eller tills köttbullarna fått färg på alla sidor.
d) Kombinera tomater, vin, basilika och rosmarin i en stor blandningsskål. Koka, rör om då och då, i cirka 20 minuter, eller tills köttbullarna är färdiga.
e) Salta och peppra generöst och servera sedan med blancherad rapini, spagetti eller bröd.

48.Vit bönsoppa

INGREDIENSER:
- 1 hackad lök
- 2 msk. olivolja
- 2 hackade selleristjälkar
- 3 hackade vitlöksklyftor
- 4 koppar cannellinibönor på burk
- 4 dl kycklingbuljong
- Salta och peppra efter smak
- 1 tsk färsk rosmarin
- 1 kopp broccolibuktor
- 1 msk. tryffelolja
- 3 msk. riven parmesanost

INSTRUKTIONER:
a) Värm oljan i en stor panna.
b) Koka selleri och lök i ca 5 minuter i en stekpanna.
c) Tillsätt vitlöken och rör om för att kombinera. Koka i ytterligare 30 sekunder.
d) Släng i bönorna, 2 dl kycklingbuljong, rosmarin, salt och peppar, samt broccolin.
e) Koka upp vätskan och sänk sedan till låg värme i 20 minuter.
f) Mixa soppan med din stavmixer tills den når önskad släthet.
g) Sänk värmen till låg och strö över tryffeloljan.
h) Häll upp soppan i fat och strö över parmesanost innan servering.

49.Fabada Asturiana (asturisk böngryta)

INGREDIENSER:

- 1 lb (450 g) torkade fabes (asturiska bönor) eller stora vita bönor, blötlagda över natten
- 1/2 lb (225 g) chorizokorv, skivad
- 1/2 lb (225 g) morcilla (blodkorv), skivad
- 1/4 lb (115 g) salt fläsk eller bamed, tärnad
- 1 lök, hackad
- 2 vitlöksklyftor, hackade
- 1 tsk rökt paprika
- 2 lagerblad
- Olivolja
- Salt att smaka

INSTRUKTIONER:

a) Häll av de blötlagda bönorna och lägg dem i en stor gryta. Täck med färskvatten, ca 2 tum ovanför bönorna.
b) Tillsätt chorizo, morcilla, salt fläsk, lök, vitlök, rökt paprika och lagerblad i grytan.
c) Koka upp och sänk sedan värmen till låg. Sjud försiktigt i 2-3 timmar, eller tills bönorna är mjuka och grytan tjocknat. Tillsätt mer vatten om det behövs under tillagningen för att hålla bönorna täckta.
d) Smaka av med salt efter smak. Ta bort lagerbladen innan servering.
e) Servera varmt, tillsammans med knaprigt bröd för en rejäl måltid.

50.Kyckling Marsala

INGREDIENSER:
- ¼ kopp mjöl
- Salta och peppra efter smak
- ½ tsk. timjan
- 4 benfria kycklingbröst, dunkade
- ¼ kopp smör
- ¼ kopp olivolja
- 2 hackade vitlöksklyftor
- 1 ½ dl skivad svamp
- 1 tärnad liten lök
- 1 kopp marsala
- ¼ kopp halv och halv eller tung grädde

INSTRUKTIONER:
a) I en mixerskål, kombinera mjöl, salt, peppar och timjan.
b) I en separat skål, muddra kycklingbrösten i blandningen.
c) Smält smöret och oljan i en stor stekpanna.
d) Koka vitlöken i 3 minuter i en stekpanna.
e) Häll i kycklingen och stek i 4 minuter på varje sida.
f) Kombinera svampen, löken och marsala i en stekpanna.
g) Koka kycklingen i 10 minuter på låg värme.
h) Överför kycklingen till ett serveringsfat.
i) Blanda i den halv-och-halva eller tunga grädden. Rör sedan om hela tiden medan du kokar på hög temperatur i 3 minuter.
j) Häll över kycklingen med såsen.

51.Kyckling Fettuccini Alfredo

INGREDIENSER:
- 1 pund fettuccinepasta
- 6 benfria, skinnfria kycklingbröst, fint skurna i tärningar ¾ kopp smör, delat
- 5 hackade vitlöksklyftor
- 1 tsk. timjan
- 1 tsk. oregano
- 1 tärnad lök
- 1 kopp skivad svamp
- ½ kopp mjöl
- Salta och peppra efter smak
- 3 koppar helmjölk
- 1 kopp tung grädde
- ¼ kopp riven gruyereost
- ¾ kopp riven parmesanost

INSTRUKTIONER:
a) Värm ugnen till 350°F och koka pasta enligt **INSTRUKTIONER PÅ FÖRPACKNINGEN:** ca 10 minuter.
b) Smält 2 matskedar smör i en stekpanna och tillsätt kycklingtärningarna, vitlöken, timjan och oregano, koka på låg i 5 minuter, eller tills kycklingen inte längre är rosa. Avlägsna .
c) Smält de återstående 4 msk smör i samma stekpanna och fräs löken och svampen.
d) Rör ner mjöl, salt och peppar i 3 minuter.
e) Tillsätt den tunga grädden och mjölken. Rör om i ytterligare 2 minuter.
f) Rör ner osten i 3 minuter på låg värme.
g) Lägg tillbaka kycklingen i stekpannan och smaka av.
h) Koka i 3 minuter på låg.
i) Häll såsen över pastan.

52. Diavolo skaldjursmiddag

INGREDIENSER:
- 1 lb. stora skalade och deveined räkor
- ½ lb. stekta pilgrimsmusslor
- 3 msk. olivolja
- ½ tsk. röd paprika flingor
- Salt att smaka
- 1 skivad liten lök
- ½ tsk. timjan
- ½ tsk. oregano
- 2 krossade ansjovisfiléer
- 2 msk. tomatpuré
- 4 hackade vitlöksklyftor
- 1 dl vitt vin
- 1 tsk. citron juice
- 2 ½ dl tärnade tomater
- 5 msk. persilja

INSTRUKTIONER:
a) I en blandningsform, kombinera räkor, pilgrimsmusslor, olivolja, rödpepparflingor och salt.
b) Förvärm stekpannan till 350°F. I 3 minuter, sautera skaldjuren i enkla lager. Detta är något som kan göras i grupper.
c) Lägg räkorna och pilgrimsmusslorna på ett serveringsfat.
d) Värm upp stekpannan igen.
e) Fräs lök, örter, ansjovisfiléer och tomatpuré i 2 minuter.
f) Kombinera vin, citronsaft och tärnade tomater i en mixerskål.
g) Koka upp vätskan.
h) Ställ in temperaturen på en låg nivå. Koka i 15 minuter efter det.
i) Lägg tillbaka skaldjuren i stekpannan tillsammans med persiljan.
j) Koka i 5 minuter på låg värme.

53.Linguine och räkor Scampi

INGREDIENSER:

- 1 paket linguinepasta
- ¼ kopp smör
- 1 hackad röd paprika
- 5 hackade vitlöksklyftor
- 45 råa stora räkor skalade och urvattnade ½ dl torrt vitt vin ¼ dl kycklingbuljong
- 2 msk. citron juice
- ¼ kopp smör
- 1 tsk. krossade rödpepparflingor
- ½ tsk. saffran
- ¼ kopp hackad persilja
- Salt att smaka

INSTRUKTIONER:

a) Koka pastan enligt förpackningens **INSTRUKTIONER:** , vilket bör ta cirka 10 minuter.
b) Häll av vattnet och ställ åt sidan.
c) Smält smöret i en stor stekpanna.
d) Koka paprika och vitlök i en stekpanna i 5 minuter.
e) Tillsätt räkorna och fortsätt fräsa i ytterligare 5 minuter.
f) Ta upp räkorna på ett fat, men behåll vitlöken och paprikan i stekpannan.
g) Koka upp vitt vin, buljong och citronsaft.
h) Lägg tillbaka räkorna i stekpannan med ytterligare 14 koppar bättre.
i) Tillsätt röd paprikaflingor, saffran och persilja och smaka av med salt.
j) Låt sjuda i 5 minuter efter att du har blandat med pastan.

54. Räkor med Pesto gräddsås

INGREDIENSER:
- 1 paket linguinepasta
- 1 msk. olivolja
- 1 hackad lök
- 1 kopp skivad svamp
- 6 hackade vitlöksklyftor
- ½ kopp smör
- Salta och peppra efter smak
- ½ tsk. cayenpeppar
- 1 3/4 dl riven Pecorino Romano
- 3 msk. mjöl
- ½ kopp tung grädde
- 1 kopp pesto
- 1 lb. kokta räkor, skalade och deveirade

INSTRUKTIONER:
a) Koka pastan enligt förpackningens **INSTRUKTIONER:** , vilket bör ta cirka 10 minuter. Dränera.
b) Värm oljan i en stekpanna och koka löken och svampen i 5 minuter.
c) Koka i 1 minut efter att ha rört i vitlök och smör.
d) I en stekpanna, häll i den tunga grädden och smaka av med salt, peppar och cayennepeppar.
e) Sjud i ytterligare 5 minuter.
f) Tillsätt osten och rör om för att kombinera. Fortsätt att vispa tills osten har smält.
g) Blanda sedan i mjölet för att tjockna såsen.
h) Koka i 5 minuter med peston och räkor.
i) Klä pastan med såsen.

55.Fisk och chorizosoppa

INGREDIENSER:
- 2 fiskhuvuden (används för att koka fiskfond)
- 500 g fiskfiléer, skurna i bitar
- 1 lök
- 1 vitlöksklyfta
- 1 dl vitt vin
- 2 msk. olivolja
- 1 näve persilja (hackad)
- 2 dl fiskfond
- 1 näve oregano (hackad)
- 1 msk. salt
- 1 msk. peppar
- 1 selleri
- 2 burkar tomater (tomater)
- 2 röda chili
- 2 chorizokorvar
- 1 msk. paprika
- 2 lagerblad

INSTRUKTIONER:
a) Rengör huvudet på fisken. Gälar bör tas bort. Krydda med salt. Koka i 20 minuter vid låg temperatur. Ta bort från ekvationen.
b) I en kastrull, häll olivoljan. Kombinera lök, lagerblad, vitlök, chorizo och paprika i en stor blandningsskål. 7 minuter i ugnen
c) I en stor blandningsskål, kombinera röd chili, tomater, selleri, peppar, salt, oregano, fiskbuljong och vitt vin.
d) Koka i totalt 10 minuter.
e) Häll i fisken. 4 minuter i ugnen
f) Använd ris som tillbehör.
g) Tillsätt persilja som garnering.
h) Disfrutar!!!

56.Spansk Ratatouille

INGREDIENSER:
- 1 röd paprika (tärnad)
- 1 medelstor lök (skivad eller hackad)
- 1 vitlöksklyfta
- 1 zucchini (hackad)
- 1 grön paprika (tärnad)
- 1 msk. salt
- 1 msk. peppar
- 1 burk tomater (hackade)
- 3 msk. olivolja
- 1 skvätt vitt vin
- 1 näve färsk persilja

INSTRUKTIONER:
a) I en kastrull, häll olivoljan.
b) Häll i löken. Låt 4 minuters stektid på medelvärme.
c) Häll i vitlök och paprika. Låt steka i ytterligare 2 minuter.
d) Häll i zucchini, tomater, vitt vin och smaka av med salt och peppar.
e) Koka i 30 minuter eller tills den är klar.
f) Garnera med persilja, om så önskas.
g) Servera med ris eller rostat bröd som tillbehör.
h) Njut av!!!

57.Bön- och chorizogryta

INGREDIENSER:
- 1 morot (tärnad)
- 3 msk. olivolja
- 1 medelstor lök
- 1 röd paprika
- 400 g torkade fabesbönor
- 300 gram Chorizo-korv
- 1 grön paprika
- 1 kopp persilja (hackad)
- 300 g tomater (tärnade)
- 2 dl kycklingfond
- 300 gram kycklinglår (filéer)
- 6 vitlöksklyftor
- 1 medelstor potatis (tärnad)
- 2 msk. timjan
- 2 msk. salt att smaka
- 1 msk. peppar

INSTRUKTIONER:
a) I en panna, häll vegetabilisk olja. Häll i löken. Låt 2 minuters stektid på medelvärme.
b) I en stor blandningsskål, kombinera vitlök, morot, paprika, chorizo och kycklinglår. Låt koka i 10 minuter.
c) Häll i timjan, kycklingfond, bönor, potatis, tomater, persilja och smaka av med salt och peppar.
d) Koka i 30 minuter, eller tills bönorna är mjuka och grytan tjocknat.

58. Gazpacho

INGREDIENSER:
- 2 pund mogna tomater, hackade
- 1 röd paprika (tärnad)
- 2 vitlöksklyftor (malda)
- 1 msk. salt
- 1 msk. peppar
- 1 msk. spiskummin (malen)
- 1 kopp rödlök (hackad)
- 1 stor Jalapenopeppar
- 1 kopp olivolja
- 1 lime 1 medelstor gurka
- 2 msk. vinäger
- 1 kopp tomat (juice)
- 1 msk. Worcestershire sås
- 2 msk. färsk basilika (skivad)
- 2 skivor bröd

INSTRUKTIONER:
a) I en mixerskål, kombinera gurka, tomater, paprika, lök, vitlök, jalapeño, salt och spiskummin. Rör ihop allt helt.
b) I en mixer, kombinera olivolja, vinäger, Worcestershiresås, limejuice, tomatjuice och bröd. Mixa tills blandningen är helt slät.
c) Tillsätt den blandade blandningen i den ursprungliga blandningen med hjälp av en sil.
d) Se till att helt kombinera allt.
e) Häll hälften av blandningen i mixern och puré den. Mixa tills blandningen är helt slät.
f) Häll tillbaka den blandade blandningen till resten av blandningen. Rör ihop allt helt.
g) Kyl skålen i 2 timmar efter att du täckt den.
h) Efter 2 timmar, ta bort skålen. Krydda blandningen med salt och peppar. Strö basilika ovanpå rätten.
i) Tjäna.
j) Disfrutar!!!

59.Bläckfisk och ris

INGREDIENSER:

- 6 oz. skaldjur (valfritt)
- 3 vitlöksklyftor
- 1 medelstor lök (skivad)
- 3 msk. olivolja
- 1 grön paprika (skivad)
- 1 msk. bläckfisk bläck
- 1 knippe persilja
- 2 msk. paprika
- 550 gram bläckfisk (rensad)
- 1 msk. salt
- 2 selleri (tärnade)
- 1 färskt lagerblad
- 2 medelstora tomater (riven)
- 300 g calasparra ris
- 125 ml vitt vin
- 2 dl fiskfond
- 1 citron

INSTRUKTIONER:

a) I en stekpanna, häll olivolja. Blanda löken, lagerbladet, paprikan och vitlöken i en bunke. Låt steka några minuter.
b) Häll i bläckfisken och skaldjuren. Koka i några minuter och ta sedan bort bläckfisken/skaldjuren.
c) Kombinera paprika, tomater, salt, selleri, vin och persilja i en stor blandningsskål. Låt grönsakerna koka klart i 5 minuter.
d) Häll i det sköljda riset i pannan. Kombinera fiskfonden och bläckfiskbläcket i en mixerskål.
e) Koka i totalt 10 minuter. Kombinera skaldjur och bläckfisk i en stor blandningsskål.
f) Koka i 5 minuter till.
g) Servera med aioli eller citron.

60.Kaningryta i Tomat o

INGREDIENSER:
- 1 hel kanin, skuren i bitar
- 1 lagerblad
- 2 stora lökar
- 3 vitlöksklyftor
- 2 msk. olivolja
- 1 msk. söt paprika
- 2 kvistar färsk rosmarin
- 1 burk tomater
- 1 kvist timjan
- 1 dl vitt vin
- 1 msk. salt
- 1 msk. peppar

INSTRUKTIONER:
a) Värm olivoljan på medelhög värme i en stekpanna.
b) Förvärm oljan och tillsätt kaninbitarna. Stek tills bitarna är jämnt bruna.
c) Ta bort den när den är klar.
d) Tillsätt lök och vitlök i samma panna. Koka tills den är helt mjuk.
e) Kombinera timjan, paprika, rosmarin, salt, peppar, tomater och lagerblad i en stor skål. Låt koka i 5 minuter.
f) Släng i kaninbitarna med vinet. Koka under lock i 2 timmar, eller tills kaninbitarna är kokta och såsen har tjocknat.
g) Servera med stekt potatis eller rostat bröd.

61.Räkor med fänkål

INGREDIENSER:
- 1 msk. salt
- 1 msk. peppar
- 2 vitlöksklyftor (skivade)
- 2 msk. olivolja
- 4 msk. manzanilla sherry
- 1 fänkålslök
- 1 näve persiljestjälkar
- 600 g körsbärstomater
- 15 stora räkor, skalade
- 1 kopp vitt vin

INSTRUKTIONER:
a) Värm oljan i en stor kastrull. Lägg de skurna vitlöksklyftorna i en skål. Låt steka tills vitlöken är gyllenbrun.
b) Tillsätt fänkål och persilja i blandningen. Koka i 10 minuter på låg värme.
c) Kombinera tomater, salt, peppar, sherry och vin i en stor blandningsskål. Koka upp i 7 minuter, eller tills såsen är tjock.
d) Lägg de skalade räkorna ovanpå. Koka i 5 minuter, eller tills räkorna har blivit rosa.
e) Garnera med ett stänk av bladpersilja.
f) Servera med en sida av bröd.

EFTERRÄTT

62.Flan de Leche (spanska Flan)

INGREDIENSER:
- 1 dl socker (för karamellen)
- 6 stora ägg
- 1 14-ounce burk sötad kondenserad mjölk
- 1 12-ounce burk indunstad mjölk
- 1 msk vaniljextrakt

INSTRUKTIONER:
a) Värm ugnen till 350°F (175°C). Börja med att göra kola. Smält sockret i en medelstor kastrull på medelhög värme tills det är gyllene. Häll försiktigt den varma karamellen i en rund ugnsform, virvla runt för att täcka botten.
b) I en mixer, kombinera ägg, kondenserad mjölk, indunstad mjölk och vaniljextrakt. Mixa tills det är slätt.
c) Häll äggblandningen över kolan i ugnsformen. Placera den här formen i en större ugnsform och tillsätt varmt vatten i den yttre pannan (ungefär halvvägs upp på sidorna av formen).
d) Grädda i den förvärmda ugnen i cirka 60 minuter, eller tills den stelnat. Låt det svalna och ställ sedan i kylen i minst 4 timmar.
e) För att servera, kör en kniv runt kanterna på flanen och vänd upp på en tallrik. Kolasåsen kommer att rinna över flanen.

63. Tarta de Santiago (mandelkaka)

INGREDIENSER:
- 2 dl mald mandel
- 1 kopp socker
- 4 ägg
- Skal av 1 citron
- 1 tsk mald kanel
- Pulversocker för att pudra
- Valfritt: 1/2 tsk mandelextrakt

INSTRUKTIONER:
a) Värm ugnen till 350 ° F (175 ° C) och smörj en 8 eller 9-tums rund kakform, fodra den med bakplåtspapper.
b) Blanda mald mandel, socker, citronskal och kanel i en stor skål.
c) Vispa äggen i en separat skål tills de är skummande. Vänd ner äggen i mandelblandningen tills de är väl blandade. Tillsätt mandelextrakt om du använder.
d) Häll smeten i den förberedda formen och grädda i cirka 25-30 minuter, eller tills en tandpetare som sticks in i mitten kommer ut ren.
e) Låt kakan svalna i formen innan du lägger över den på ett galler. När svalnat, pudra med strösocker. Traditionellt är ett kors av St. James (Cruz de Santiago) stencilerat i mitten.

64.Ostig Galette med Salami

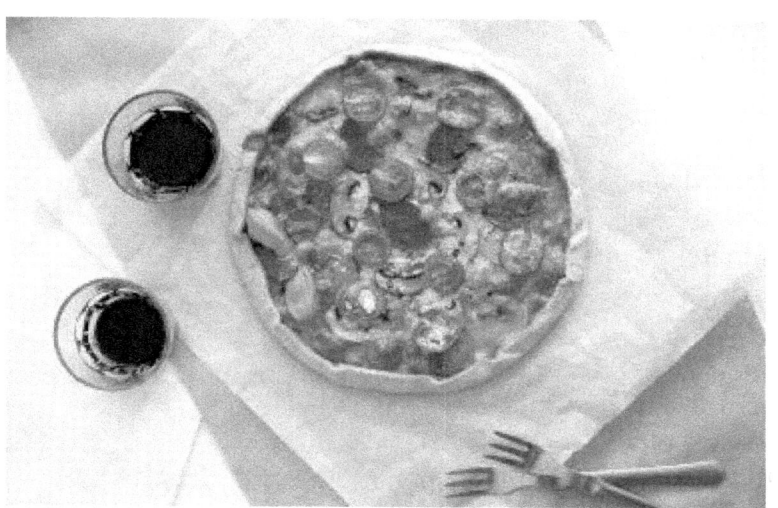

INGREDIENSER:
- 130 g smör
- 300 g mjöl
- 1 tsk salt
- 1 ägg
- 80 ml mjölk
- 1/2 tsk vinäger
- Fyllning:
- 1 tomat
- 1 paprika
- zucchini
- salami
- mozzarella
- 1 msk olivolja
- örter (som timjan, basilika, spenat)

INSTRUKTIONER:
a) Tärna upp smöret.
b) I en skål eller panna, kombinera olja, mjöl och salt och hacka med en kniv.
c) Häll i ett ägg, lite vinäger och lite mjölk.
d) Börja knåda degen. Kyl i en halvtimme efter att du rullat den till en boll och slagit in den i plastfolie.
e) Skär alla fyllningsingredienser.
f) Lägg fyllningen i mitten av en stor cirkel av deg som har kavts ut på bakplåtspapper (förutom Mozzarella).
g) Ringla över olivolja och smaka av med salt och peppar.
h) Lyft sedan försiktigt upp degens kanter, linda dem runt de överlappande delarna och tryck in dem lätt.
i) Värm ugnen till 200°C och grädda i 35 minuter. Tillsätt mozzarellan tio minuter innan gräddningstiden är slut och fortsätt att grädda.
j) Servera omedelbart!

65. Krämig ricottapaj

INGREDIENSER:
- 1 köpt pajskal
- 1 ½ pund ricottaost
- ½ kopp mascarponeost
- 4 uppvispade ägg
- ½ kopp vitt socker
- 1 msk. brandy

INSTRUKTIONER:
a) Värm ugnen till 350 grader Fahrenheit.
b) Blanda alla ingredienserna till fyllningen i en bunke. Häll sedan blandningen i skorpan.
c) Värm ugnen till 350°F och grädda i 45 minuter.
d) Kyl pajen i minst 1 timme innan servering.

66.Anisette kakor

INGREDIENSER:
- 1 kopp socker
- 1 kopp smör
- 3 koppar mjöl
- ½ kopp mjölk
- 2 vispade ägg
- 1 msk. bakpulver
- 1 msk. mandelextrakt
- 2 tsk. anisettlikör
- 1 dl konditorsocker

INSTRUKTIONER:
a) Värm ugnen till 375 grader Fahrenheit.
b) Vispa samman socker och smör tills det blir ljust och pösigt.
c) Tillsätt mjöl, mjölk, ägg, bakpulver och mandelextrakt gradvis.
d) Knåda degen tills den blir kladdig.
e) Skapa små bollar av 1-tums degbitar.
f) Värm ugnen till 350°F och smörj en bakplåt. Lägg bollarna på plåten.
g) Värm ugnen till 350°F och grädda kakorna i 8 minuter.
h) Kombinera anisettelikör, konditorsocker och 2 matskedar varmt vatten i en mixerskål.
i) Doppa till sist kakorna i glasyren medan de fortfarande är varma.
j)

67.Karamellflan

INGREDIENSER:
- 1 msk. vanilj extrakt
- 4 ägg
- 2 burkar mjölk (1 indunstad och 1 sötad kondenserad)
- 2 koppar vispning grädde
- 8 msk. socker

INSTRUKTIONER:
a) Värm ugnen till 350 grader Fahrenheit.
b) Smält socker på medelvärme i en nonstick-panna tills det är gyllene.
c) Häll det flytande sockret i en bakpanna medan det fortfarande är varmt.
d) Knäck och vispa ägg i en blandningsform. Kombinera kondenserad mjölk, vaniljextrakt, grädde och sötad mjölk i en mixerskål. Gör en ordentlig blandning.
e) Häll smeten i den smälta sockeröverdragna bakformen. Placera pannan i en större panna med 1 tum kokande vatten.
f) Grädda i 60 minuter.

68.Katalansk grädde

INGREDIENSER:
- 4 äggulor
- 1 kanel (stång)
- 1 citron (skal)
- 2 msk. majsstärkelse
- 1 kopp socker
- 2 dl mjölk
- 3 koppar färsk frukt (bär eller fikon)

INSTRUKTIONER:
a) Vispa ihop äggulor och en stor del av sockret i en kastrull. Mixa tills blandningen är skum och slät.
b) Tillsätt kanelstången med citronskal. Gör en ordentlig blandning.
c) Blanda i maizena och mjölk. Under låg värme, rör tills blandningen tjocknar.
d) Ta ut grytan ur ugnen. Låt svalna i några minuter.
e) Lägg blandningen i ramekins och ställ åt sidan.
f) Ställ åt sidan i minst 3 timmar i kylen.
g) När du är redo att servera, ringla det återstående sockret över ramekinerna.
h) Placera ramekins på nedre hyllan av pannan. Låt sockret smälta tills det får en gyllenbrun färg.
i) Som garnering, servera med frukt.

69.Apelsin-citron spansk grädde

INGREDIENSER:
- 4½ tesked Vanligt gelatin
- ½ kopp apelsinjuice
- ¼ kopp Citron juice
- 2 koppar Mjölk
- 3 Ägg, separerade
- ⅔ kopp Socker
- Nypa salt
- 1 matsked Rivet apelsinskal

INSTRUKTIONER:
a) Blanda gelatin, apelsinjuice och citronsaft och låt stå åt sidan i 5 minuter.
b) Skalla mjölken och vispa i gulorna, sockret, saltet och apelsinskalet.
c) Koka i en dubbelpanna tills den täcker baksidan av en sked (över hett, inte kokande vatten).
d) Efter det, tillsätt gelatinblandningen. Häftigt.
e) Tillsätt hårt vispad äggvita i blandningen.
f) Kyl tills stelna.

70.D runken melon

INGREDIENSER:
- Till rätten Ett urval av 3 till 6 olika spanska ostar
- 1 Portvin på flaska
- 1 Melon, toppen borttagen och de frön utg

INSTRUKTIONER:
a) En till tre dagar före kvällsmaten, häll portvinen i melonen.
b) Kyl i kylen, täckt med plastfolie och med toppen ersatt.
c) Ta ut melonen från kylen och ta bort omslaget och toppen när den är klar att serveras.
d) Ta bort porten från melonen och lägg den i en skål.
e) Skär melonen i bitar efter att du tagit bort svålen. Lägg bitarna i fyra separata kylda skålar.
f) Servera på tillbehör till ostarna.

71.En lmondsorbet

INGREDIENSER:
- 1 kopp Blancherade mandlar; rostat
- 2 koppar Källvatten
- ¾ kopp Socker
- 1 nypa Kanel
- 6 matskedar Ljus majssirap
- 2 matskedar Amaretto
- 1 tesked Citronskal

INSTRUKTIONER:
a) Mal mandeln till ett pulver i en matberedare. Blanda vatten, socker, majssirap, sprit, zest och kanel i en stor kastrull och tillsätt sedan de malda nötterna.
b) På medelhög värme, rör hela tiden tills sockret löst sig och blandningen kokar. 2 minuter vid kokning
c) Ställ åt sidan för att svalna. Använd en glassmaskin, kärna blandningen tills den är halvfryst.
d) Om du inte har en glassmaskin, överför blandningen till en skål av rostfritt stål och frys tills den är hård, rör om varannan timme.

72. Spansk äpple torte

INGREDIENSER:
- ¼ pund Smör
- ½ kopp Socker
- 1 Äggula
- 1½ kopp Siktat mjöl
- 1 streck Salt
- ⅛ tesked Bakpulver
- 1 kopp Mjölk
- ½ Citronskal
- 3 Äggulor
- ¼ kopp Socker
- ¼ kopp Mjöl
- 1½ matsked Smör
- ¼ kopp Socker
- 1 matsked Citron juice
- ½ tesked Kanel
- 4 Äpplen, skalade och skivade
- Äpple; aprikos eller valfri gelé

INSTRUKTIONER:
a) Värm ugnen till 350°F. Blanda sockret och smöret i en mixerskål. Blanda ihop resten av ingredienserna tills det bildas en boll.
b) Kavla ut degen till en springform eller en pajform. Förvara i kyl tills den ska användas.
c) Blanda citronsaft, kanel och socker i en bunke. Släng i med äpplena och släng för att täcka. Detta är något som kan göras i förväg.
d) Tillsätt citronskalet i mjölken. Koka upp mjölken och sänk sedan till låg värme i 10 minuter. Under tiden, i en tjock kastrull, vispa ihop äggulor och socker.
e) När mjölken är klar, häll den sakta i äggulablandningen under ständig vispning på låg värme. Blanda långsamt i mjölet under vispning på låg värme.
f) Fortsätt att vispa blandningen tills den är slät och tjock. Ta kastrullen från värmen. Rör långsamt ner smöret tills det har smält.
g) Fyll skorpan med vaniljsås. För att göra ett enkelt eller dubbelt lager, lägg äpplena ovanpå. Placera torten i en 350°F ugn i ca 1 timme efter att den är klar.
h) Ta bort och ställ åt sidan för att svalna. När äpplena är tillräckligt svala för att hantera, värm valfri gelé och ringla den över toppen.
i) Ställ geléen åt sidan för att svalna. Tjäna.

73.Karamell vaniljsås

INGREDIENSER:
- ½ kopp Strösocker
- 1 tesked Vatten
- 4 Äggulor eller 3 hela ägg
- 2 koppar Mjölk, skållad
- ½ tesked Vanilj extrakt

INSTRUKTIONER:
a) I en stor stekpanna, kombinera 6 matskedar socker och 1 kopp vatten. Värm på låg värme, skaka eller snurra då och då med en träslev för att undvika att det bränns, tills sockret blir gyllene.
b) Häll karamellsirapen i en grund ugnsform (8x8 tum) eller pajform så snart som möjligt. Låt svalna tills den är hård.
c) Värm ugnen till 325 grader Fahrenheit.
d) Vispa ihop äggulorna eller hela äggen. Blanda i mjölken, vaniljextraktet och det återstående sockret tills det är helt blandat.
e) Häll den avsvalnade kolan ovanpå.
f) Placera ugnsformen i ett varmt vattenbad. Grädda i 1-112 timmar, eller tills mitten har stelnat. Coolt, coolt, coolt.
g) För att servera, vänd upp på ett serveringsfat försiktigt.

74. Spansk ostkaka

INGREDIENSER:
- 1 pund Färskost
- 1½ kopp Socker; Granulerad
- 2 ägg
- ½ tesked Kanel; Jord
- 1 tesked Citronskal; Riven
- ¼ kopp Oblekt mjöl
- ½ tesked Salt
- 1 x Florsocker
- 3 matskedar Smör

INSTRUKTIONER:
a) Värm ugnen till 400 grader Fahrenheit. Blanda ihop osten, 1 msk smör och sockret i en stor blandningsfat. Träffa inte.
b) Tillsätt äggen ett i taget, vispa ordentligt efter varje tillsats.
c) Blanda kanel, citronskal, mjöl och salt. Smöra pannan med de återstående 2 msk smör, fördela det jämnt med fingrarna.
d) Häll smeten i den förberedda formen och grädda i 400 grader i 12 minuter, sänk sedan till 350 grader och grädda i ytterligare 25 till 30 minuter. Kniven ska vara fri från rester.
e) När kakan svalnat till rumstemperatur, pudra den med konditorsocker.

75.Spansk stekt vaniljsås

INGREDIENSER:
- 1 Kanelstång
- Skal av 1 citron
- 3 koppar Mjölk
- 1 kopp Socker
- 2 matskedar Majsstärkelse
- 2 teskedar Kanel
- Mjöl; för muddring
- Äggtvätt
- Olivolja; för stekning

INSTRUKTIONER:
a) Kombinera kanelstången, citronskalet, 34 dl socker och 212 dl mjölk i en kastrull på medelvärme.
b) Koka upp lågt, sänk sedan till låg värme och koka i 30 minuter. Ta bort citronskalet och kanelstången. Kombinera den återstående mjölken och majsstärkelsen i en liten blandningsfat.
c) Vispa noggrant. I en långsam, jämn ström, rör ner majsstärkelseblandningen i den uppvärmda mjölken. Koka upp, sänk sedan till låg värme och koka i 8 minuter, vispa ofta. Ta bort från elden och häll i en 8-tums bakform som har smörjts.
d) Låt svalna helt. Täck över och kyl tills det svalnat helt. Gör 2-tums trianglar av vaniljsåsen.
e) Kombinera de återstående 14 dl sockret och kanelen i en mixerskål. Blanda noggrant. Muddra trianglarna i mjöl tills de är helt täckta.
f) Doppa varje triangel i äggsköljet och droppa av överskottet. Häll tillbaka vaniljsåsen till mjölet och täck helt.
g) Hetta upp oljan i en stor stekpanna på medelvärme. Lägg trianglarna i den heta oljan och stek i 3 minuter, eller tills de är bruna på båda sidor.
h) Ta ut kycklingen från pannan och låt rinna av på hushållspapper. Blanda med kanelsockerblandningen och smaka av med salt och peppar.
i) Fortsätt med resten av trianglarna på samma sätt.

76. Spansk nötgodis

INGREDIENSER:
- 1 kopp Mjölk
- 3 koppar Ljusfarinsocker
- 1 Msk.smör
- 1 tesked Vanilj extrakt
- 1 pund valnötskött; hackad

INSTRUKTIONER:
a) Koka upp mjölken med farinsockret tills det karamelliseras, tillsätt sedan smör och vaniljessens precis innan servering.
b) Precis innan du tar bort godiset från elden, lägg till valnötterna.
c) Blanda nötterna noggrant i en stor mixerskål och häll blandningen i förberedda muffinsformar.
d) Skär genast i rutor med en vass kniv.

77.Honung ed pudding

INGREDIENSER:
- ¼ kopp Osaltat smör
- 1½ kopp Mjölk
- 2 stora Ägg; lätt slagen
- 6 skivor Vitt lantbröd; trasig
- ½ kopp Klar; tunn honung, plus
- 1 matsked Klar; tunn honung
- ½ kopp Varmt vatten; plus
- 1 matsked Varmt vatten
- ¼ tesked Mald kanel
- ¼ tesked Vanilj

INSTRUKTIONER:
a) Värm ugnen till 350 grader och använd lite av smöret för att smörja en 9-tums pajform i glas. Vispa ihop mjölken och äggen, tillsätt sedan brödbitarna och vänd så att de blir jämnt belagda.
b) Låt brödet dra i 15 till 20 minuter, vänd på det en eller två gånger. Värm det återstående smöret på medelvärme i en stor stekpanna.
c) Stek det blötlagda brödet i smöret tills det är gyllene, cirka 2 till 3 minuter på varje sida. Överför brödet till ugnsformen.
d) Blanda honungen och det varma vattnet i en skål och rör tills blandningen är jämnt blandad.
e) Rör ner kanel och vanilj och ringla blandningen över och runt brödet.
f) Grädda i cirka 30 minuter, eller tills de är gyllenbruna.

78.Spansk lök torte

INGREDIENSER:
- ½ tesked Olivolja
- 1 liter Spansk lök
- ¼ kopp Vatten
- ¼ kopp rödvin
- ¼ tesked Torkad rosmarin
- 250 gram Potatisar
- 3/16 kopp Naturell yoghurt
- ½ matsked Vetemjöl
- ½ Ägg
- ¼ kopp parmesanost
- ⅛ kopp Hackad persilja

INSTRUKTIONER:
a) Förbered den spanska löken genom att skiva dem tunt och riva potatisen och parmesanosten.
b) Värm oljan i en tjockbottnad panna. Koka, rör om då och då, tills löken är mjuk.
c) Sjud i 20 minuter, eller tills vätskan har avdunstat och löken har fått en mörkrödbrun färg.
d) Blanda rosmarin, potatis, mjöl, yoghurt, ägg och parmesanost i en bunke. Häll i löken.
e) ingredienserna jämnt i en väl smord 25 cm ugnsfast form. Värm ugnen till 200°C och grädda i 35-40 minuter, eller tills den är gyllenbrun.
f) Garnera med persilja innan du skär i klyftor och serverar.

79.Spansk pan sufflé

INGREDIENSER:

- 1 Låda spanskt snabbt brunt ris
- 4 Ägg
- 4 uns Hackad grön chili
- 1 kopp Vatten
- 1 kopp Gratinerad ost

INSTRUKTIONER:

a) Följ förpackningens **INSTRUKTIONER:** för tillagning av innehållet i lådan.
b) När riset är klart, vispa i resten av ingredienserna, exklusive osten.
c) Toppa med riven ost och grädda i 325°F i 30-35 minuter.
d)

DRYCK

80.Rom & ingefära

INGREDIENSER:
- 50 ml Bacardi rom
- 100 ml Ginger beer
- 2 limeskivor
- 2 streck Angostura bitters
- 1 kvist mynta

INSTRUKTIONER:
a) Tillsätt is i ett glas.
b) Tillsätt limejuice, rom, ingefärsöl och bitter.
c) Rör försiktigt ihop ingredienserna.
d) Garnera med en limeskiva och myntablad.
e) Tjäna.

81.Spanska sangria

INGREDIENSER:
- 1 apelsin, skivad
- 2 citroner, skivade
- 1/2 kopp socker
- 2 flaskor rött vin
- 2 uns trippelsek
- 1/2 kopp konjak
- 2 (12-ounce) burkar citron-lime soda

INSTRUKTIONER:
a) Skiva apelsinen och citronerna i 1/8-tums tjocka skivor i en stor stansskål.
b) Tillsätt 1/2 kopp socker (eller mindre om så önskas) och låt frukten dra i socker i cirka 10 minuter, precis tillräckligt länge för att fruktens naturliga juice ska flöda.
c) Tillsätt vinet och rör om väl för att lösa upp sockret.
d) Rör ner triple sec och konjak.
e) Tillsätt 2 burkar läsk och rör om
f) Tillsätt mer socker eller läsk om så önskas. Kontrollera om sockret har löst sig helt.
g) För att kyla stansskålen helt, tillsätt en stor mängd is.
h) Om du serverar sangria i kannor, fyll dem halvvägs med is och häll sedan sangria över den.

82. Tinto de verano

INGREDIENSER:
- 3 till 4 isbitar
- 1/2 kopp rött vin
- 1/2 kopp citron-lime soda
- Citronskiva, till garnering

INSTRUKTIONER:
a) Lägg isbitar i ett högt glas.
b) Häll i rött vin och läsk.
c) Servera med en citronskiva som garnering.

83. Vitt vinSangria

INGREDIENSER:
- 3 medelstora apelsiner eller 1 kopp apelsinjuice
- 1 citron, skuren i klyftor
- 1 lime, skuren i klyftor
- 1 flaska vitt vin, kylt
- 2 uns konjak, valfritt
- 2/3 kopp vitt socker
- 2 koppar club soda, eller ginger ale

INSTRUKTIONER:
a) I en kanna, pressa saften från citrusklyftorna.
b) Ta bort fröna och släng i klyftorna om möjligt. Fyll kannan med apelsinjuice om du istället använder den.
c) Häll det vita vinet över frukten i tillbringaren.
d) Tillsätt konjak och socker, om du använder. För att säkerställa att allt socker är upplöst, rör om kraftigt.
e) Förvara den kallt om den inte serveras direkt.
f) För att hålla sangria mousserande, tillsätt ginger ale eller club soda precis innan servering.

84. Horchata

INGREDIENSER:
- 1 kopp långkornigt vitt ris
- 1 kanelstång, trasig
- 1 tsk limeskal
- 5 koppar dricksvatten (delat)
- 1/2 kopp strösocker

INSTRUKTIONER:
a) Pulverisera riset i en mixer tills det får en mjölig konsistens.
b) Kasta den med kanelstången och limeskalet och låt den vila i en lufttät behållare i rumstemperatur över natten.
c) Häll tillbaka risblandningen i mixern och bearbeta tills kanelstångsbitarna är helt brutna.
d) Rör ner 2 dl vatten i blandningen.
e) Blötlägg den i kylen några timmar.
f) Sila vätskan genom en fin sil eller några lager ostduk i en kanna eller skål, krama ofta för att ta bort så mycket av det mjölkiga risvattnet som möjligt.
g) Rör i 3 dl vatten och sockret tills sockret är helt upplöst.
h) Kyl ner horchatan innan servering.

85.Licor 43 Cuba Libre

INGREDIENSER:
- 1 uns Licor 43
- 1/2 uns rom
- 8 uns cola
- 1/2 uns citronsaft
- Citronskiva, till garnering

INSTRUKTIONER:
a) Placera isbitar i ett 12-ounce glas.
b) Sätt in Licor 43 och rom i glaset; toppa med cola.
c) Pressa citronsaften i glaset; Rör om för att kombinera; och servera med en citronskiva som garnering.
d) Njut av!

86.Frukt Färskt vatten

INGREDIENSER:
- 4 koppar dricksvatten
- 2 koppar färsk frukt
- 1/4 kopp socker
- 2 tsk färskpressad limejuice
- limeklyftor till garnering
- Is

INSTRUKTIONER:
a) Blanda vatten, socker och frukt i en mixer.
b) Puré tills det är helt slätt. Fyll en kanna eller serveringsbehållare halvvägs med blandningen.
c) Tillsätt limejuicen och rör om för att kombinera. Tillsätt eventuellt mer socker efter provsmakning.
d) Servera med en klyfta citron eller lime som garnering.
e) Om så önskas, servera över is.

87. Caipirinha

INGREDIENSER:
- 1/2 lime
- 1 1/2 tsk superfint socker
- 2 uns cachaça/sockerrörssprit
- Limehjul, till garnering

INSTRUKTIONER:
a) Skär en halv lime i små klyftor med en kniv.
b) Blanda ihop lime och socker i ett gammaldags glas.
c) Tillsätt cachaçan i drinken och rör om väl.
d) Tillsätt små isbitar eller trasig is i glaset, rör om igen och garnera sedan med ett limehjul.

88.Carajillo

INGREDIENSER:
- ½ kopp bryggd espresso eller koffeinfri espresso
- 1 ½ till 2 uns Licor 43
- 8 isbitar

INSTRUKTIONER:
a) Häll 12 till 2 uns Licor 43 över is i ett gammaldags glas.
b) Häll långsamt nybryggd espresso över toppen.
c) Häll espresson över baksidan av en sked för att skapa en effekt i nivåer och servera sedan.

89. Citronlikör

INGREDIENSER:

- 10 citroner ekologiska föredraget
- 4 koppar vodka av hög kvalitet som Grey Goose
- 3 ½ dl vatten
- 2 ½ koppar strösocker

INSTRUKTIONER:

a) Tvätta citronerna med en grönsaksborste och varmt vatten för att ta bort eventuella rester av bekämpningsmedel eller vax. Klappa citronerna torra.

b) Ta bort skalet från citronerna i långa strimlor med en grönsaksskalare, använd bara den gula yttersta delen av skalet. Margen, som är den vita delen under svålen, är extremt bitter. Behåll citronerna för att använda i en annan maträtt.

c) Häll i vodkan i en stor burk eller kanna.

d) Släng ner citronskalen i den stora burken eller kannan och täck med lock eller plastfolie.

e) Blötlägg citronskalen i vodkan i rumstemperatur i 10 dagar.

f) Efter 10 dagar, häll vattnet och sockret i en stor kastrull på medelvärme och låt koka långsamt, ca 5 – 7 minuter. Låt svalna helt.

g) Ta av sirapen från värmen och ställ den åt sidan för att svalna innan du kombinerar den med limoncelloblandningen av citronskal och vodka. Fyll citron/vodkablandningen till hälften med sockerlag.

h) Använd en nätsil, ett kaffefilter eller ostduk, sila limoncellon.

i) Kasta ut skalen. Använd en liten tratt, överför till dekorativa flaskor med klämtyp.

j) Kyl flaskorna tills de är helt kalla.

90. Sgroppino

INGREDIENSER:
- 4 oz vodka
- 8 oz Prosecco
- 1 sats citronsorbet
- Valfri garnering
- citronskal
- citronklyftor
- citron twist
- färska myntablad
- färska basilikablad

INSTRUKTIONER:
a) ingredienserna i en mixer .
b) Bearbeta tills det är slätt och blandat.
c) Servera i champagneflutes eller vinglas.

91. Aperol Spritz

INGREDIENSER:
- 3 uns prosecco
- 2 uns Aperol
- 1 uns club soda
- Garnering: apelsinskiva

INSTRUKTIONER:
a) I ett vinglas fyllt med is, vispa ihop prosecco, Aperol och club soda.
b) Lägg till en apelsinskiva som garnering.

92. Gingermore

INGREDIENSER:
- 1 oz limejuice
- 2 små skivor färsk ingefära
- 4 björnbär
- Sanpellegrino Limonata

INSTRUKTIONER:
a) Blanda björnbären och färsk ingefära i botten av ett kraftigt, högt glas (14 oz kapacitet).
b) Sätt in isbitar i glaset och toppa med Sanpellegrino Limonata.
c) Använd en barsked och blanda försiktigt ingredienserna.
d) Tillsätt citronskal, björnbär och färsk mynta för garnering.

93. Hugo

INGREDIENSER:
- 15 cl Prosecco, kyld
- 2 cl flädersirap eller citronmelisssirap
- ett par myntablad
- 1 färskpressad citronsaft, eller limejuice
- 3 isbitar
- shot mousserande mineralvatten, eller sodavatten
- skiva citron, eller lime för dekoration av glaset eller som garnering

INSTRUKTIONER:
a) Lägg isbitarna, sirapen och myntabladen i ett rödvinsglas. Jag rekommenderar att du lätt klappa myntabladen i förväg eftersom detta kommer att aktivera aromen av örten.
b) Häll färskpressad citron- eller limejuice i glaset. Lägg en citron- eller limeskiva i glaset och tillsätt sval Prosecco.
c) Efter en stund, tillsätt en skvätt mousserande mineralvatten.

94.Spansk färsk frukt frappé

INGREDIENSER:

- 1 kopp Vattenmelon , tärnad
- 1 kopp Cantaloupe , i tärningar
- 1 kopp Ananas , tärnad
- 1 kopp Mango , skivad
- 1 kopp Jordgubbar , halverade
- 1 kopp apelsinjuice
- ¼ kopp Socker

INSTRUKTIONER:

a) Blanda alla ingredienser i en mixerskål. Fyll mixern till hälften med innehållet och fyll på med bruten is.
b) Täck över och blanda på hög hastighet tills du får en jämn konsistens. Repa med resten av blandningen.
c) Servera omedelbart, med färsk frukt vid sidan av om så önskas.

95. Spansk-stil varm choklad

INGREDIENSER:
- ½ pund Söt Bakers Choklad
- 1 liter Mjölk; (eller 1/2 mjölk hälften vatten)
- 2 teskedar Majsstärkelse

INSTRUKTIONER:
a) Bryt chokladen i små bitar och blanda den med mjölken i en kastrull.
b) Värm långsamt under ständig omrörning med en visp tills blandningen når strax under kokpunkten.
c) Använd några teskedar vatten och lös upp majsstärkelse.
d) Rör ner den lösta majsstärkelsen i chokladblandningen tills vätskan tjocknar.
e) Servera genast i varma glas.

96. Grön chinotto

INGREDIENSER:

- 1 oz/3 cl salvia och myntasirap
- ¾ oz/2,5 cl limejuice
- Fyll på med Sanpellegrino Chinotto

INSTRUKTIONER:
a) Häll all sirap och juice i ett stort, stadigt glas.
b) Använd en barsked och rör försiktigt ihop allt.
c) Tillsätt is i glaset och toppa med Sanpellegrino Chinotto.
d) Servera med ett limesegment och färsk mynta som garnering.

97. Rose Spritz

INGREDIENSER:
- 2 uns ros Aperitivo eller roslikör
- 6 uns Prosecco eller mousserande vin
- 2 uns läsk
- Skiva grapefrukt till garnering

INSTRUKTIONER:
a) I en cocktailshaker, kombinera 1 del rose Aperitivo, 3 delar Prosecco och 1 del läsk.
b) Skaka kraftigt och sila upp i ett cocktailglas.
c) Tillsätt krossad is eller isbitar.
d) Lägg till en grapefruktskiva som garnering. Drick så snart som möjligt.

98.Honung bee cortado

INGREDIENSER:
- 2 shots espresso
- 60 ml ångad mjölk
- 0,7 ml vaniljsirap
- 0,7 ml honungssirap

INSTRUKTIONER:
a) Gör en dubbel espressoshot.
b) Koka upp mjölken.
c) Blanda kaffet med vanilj- och honungssirapen och rör om väl.
d) Skumma ett tunt lager ovanpå kaffe/sirapsblandningen genom att tillsätta lika delar mjölk.

99.Citrusbitter

INGREDIENSER:
- 4 apelsiner gärna ekologiska
- 3 msk. stjärnanis
- 1 msk. kryddnejlika
- 1 msk. gröna kardemummakapslar
- 1 msk. gentiana rot
- 2 dl vodka eller annan stark alkohol

INSTRUKTIONER:
a) Tillsätt det torkade apelsinskalet, de andra kryddorna och gentianaroten i en glasburk. För att avslöja fröna i kardemummakapslarna, krossa dem.
b) Använd en stark alkohol som du väljer, täck apelsinskalen och kryddorna helt.
c) Skaka blandningen med alkoholen under de närmaste dagarna. Tillåt många dagar till veckor för apelsinskalen och kryddorna att tränga in i alkoholen.
d) Sila bort skalen och kryddorna från den nu smakrika alkoholtinkturen.

100. Pisco Sour

INGREDIENSER:
- 2 oz pisco
- 1 oz enkel sirap
- ¾ uns nyckellimejuice
- 1 äggvita
- 2-3 streck Angostura bitters

INSTRUKTIONER:
a) Blanda pisco, limejuice, enkel sirap och äggvita i en cocktailshaker.
b) Tillsätt is och skaka aggressivt.
c) Sila i ett vintageglas.
d) Toppa skummet med några skvätt Angostura bitters.

SLUTSATS

När vi avslutar vår kulinariska resa genom de tusen landskapens land hoppas jag att den här kokboken har transporterat dig till Andalusiens soldränkta stränder, livliga marknader och pittoreska byar. Genom dessa 100 autentiska recept har vi firat de levande smakerna, rika traditionerna och den varma gästfriheten som definierar det andalusiska köket.

Jag riktar mitt hjärtliga tack till dig för att du följde med mig på detta gastronomiska äventyr. Din entusiasm för att utforska Andalusiens smaker har gjort denna resa alldeles speciell. Må recepten du har upptäckt i den här kokboken inspirera dig att skapa minnesvärda matupplevelser som fångar essensen av det andalusiska köket och ger glädje till ditt bord.

När du fortsätter att utforska Andalusiens kulinariska läckerheter, kan varje rätt du lagar vara en hyllning till det rika kulturarvet och kulinariska traditionerna i denna fascinerande region. Oavsett om du njuter av en skål med gazpacho en varm sommardag, njuter av tapas med vänner eller njuter av en rejäl gryta på en kylig kväll, må Andalusiens smaker föra dig till en plats av värme, glädje och kulinarisk njutning.

Tack än en gång för att jag fick vara en del av din kulinariska resa genom Andalusien. Tills vi ses igen, må ditt kök fyllas med de livliga smakerna, aromerna och minnen från denna vackra region. ¡Buen provecho y hasta luego!

www.ingramcontent.com/pod-product-compliance
Lightning Source LLC
Chambersburg PA
CBHW071906110526
44591CB00011B/1572